ちゃんと読むための本

人生がうまくいく231の知的習慣

The Book To Properly Read
231 Intellectual Habits That Make Life Better
Nobuyuki Okuno

奥野宣之

PHP

最近、じっくり何かを読みましたか?

はじめに

なぜ今、ちゃんと「読む」のか

これは「読書術」の本ではありません。

書籍に限らず、新聞・雑誌などの紙メディア、電子書籍や雑誌の読み放題サービス、オーディオブックなどのデジタルコンテンツ、さらに各種ウェブサイトや動画まで、あらゆるメディアと自由に付き合う。さらに、それらを通じて「自分の言葉」を育てていく——。そんな習慣を語っていきます。

自分の言葉ってなんだよ？
なぜ、そんな面倒くさい話をするわけ？

そう思うのもごもっともです。

でも、私は皆さんにこんなことを聞いてみたい。

「毎日、スマホで話題のニュースや動画を見る生活に満足していますか？」
「SNSのトレンドを追ったりコメント欄をチェックするのに忙しすぎませんか？」
「近ごろ何かを読んで、前に進んだり、世界が広がったりした実感はありますか？」

アンタは一体なにを言ってるの？
自分はネットがあればなにも要らない。
スマホこそが幸せだ！

こう言い切れる人は意外に少ないのではないでしょうか。きっと心のどこかに「これでいいのだろうか……」といった不安があると思います。

遠くに住んでいる友達の近況にメッセージを寄せたり、SNS上で共通の趣味を持つ人々と交流したりできる点で、たしかにスマホはすばらしい。好きな芸能人の動画投稿やライブ配信を見たり、映画やアニメの最新情報をチェックしたりできるのも、まぎれもなくネットの恩恵です。

しかし一方で、大量のニュースや過剰なコメントのやり取りは「ちょっと疲れる」といった感じでしょうか。また若い世代ではSNSのフォロワー数や評価システムに振り回されて、精神的に参ってしまう人も多い。

情報に満ちているのに空虚で、世界に開かれているのに閉塞している――。どうやら、ネットにはそんな不条理があるのかもしれません。

「基礎練習」は飛ばせない

断っておくと、私は「ネットで時間を無駄にするな」といった説教がしたいのではありません。

ネットに時間を奪われること自体は、大した問題ではない。人間には息抜きや気晴らしも必要です。スポーツ観戦やテレビゲームだって生産的な活動ではないけれど、楽しいならいいじゃないですか。たまにビールを呑んだり（私は毎晩ですが）、ケーキを食べたりするようなものです。

ネットに張り付いて夜も眠らずに陰謀論を垂れ流したり、ＳＮＳで罵(ののし)り合って有名人を炎上させたり、といった病的なレベルでなければ、〝ネット漬け〟も悪くない。


でも、あなたが「何かを表現したい人」なら話は別です。


表現者というと著名人やミュージシャンを思い浮かべるかもしれませんが、今やそんな限られた世界の話ではありませんね。

メーカーの開発者がＳＮＳでアイテムの魅力を語る。

ショップの店員が、動画投稿サイトで新商品のレビューやお手入れのコツやノウハウを発信する。

学校や塾の先生がウェブサイトを立ち上げて、苦手科目の対策や受験のヒントをレクチャーする。

芸術や科学などの専門家が、オンラインイベントで子供や海外の参加者からの質問に答える。

大学生が企業の公式アカウントにアプローチし、社会貢献になるような企画を働きかける——。

すでに、こういったことが当たり前の世の中になりました。
ビジネスの現場でいえば、プレゼンや商談の成否を決めるのはあなたの言葉です。またリーダーの立場なら、会議やオンラインミーティングなどで組織の方針を語るといった機会も多いでしょう。
「表現」は、もはや芸能人やアーティスト、それに私のような書き手だけの専売特許ではない。あえて手垢(てあか)のついた言い方をすれば、本当に「だれもが表現者」の時代になったのです。

では、そんな人が〝ネット漬け〟になると、何が問題なのか。

何かを表現する上で不可欠な「言葉を扱う力」が身につかないからです。

好きなように書いたり喋(しゃべ)ったりするのが自然とウケるといった「天才」あるいは幸運な人は、もちろんそんな力なんて要りません。でも、そうではない99・9%の人は、しっかり「基礎」を固めてからでないとうまくいかない。
基礎をすっ飛ばして、いきなり書いたり話したりしようなんて、寿司職人が修業ゼロのまま店を出すようなものです。仕事であれ、スポーツであれ、「最低限度の体力や技術がないとダメ」というのは当たり前の話。「表現」とは、簡単そうに見えてじつは高度なことなのですね。

また、言葉を扱う力は放っておくと低下します。学生のころ本をたくさん読んでいても、社会人になってどっぷりネット生活になってしまえば、表現は陳腐化する。ちょうど筋肉が贅肉（ぜいにく）になってしまうようなものです。

インターネットは「負荷」が軽すぎる

話を戻して、なぜインターネットでは「言葉を扱う力」が養えないのでしょう？私なりに表現すれば「お気楽すぎるから」です。

ご存じの通り、インターネットは情報過多で玉石混交（ぎょくせきこんこう）なので、どうしても言葉の扱い方が雑になってしまいます、書く側も読む側も。やや誇張するなら、必然的に「深く考えず書かれたものを数秒で読み飛ばす」といった状況に陥ってしまうのです。

これでは、ほとんど言葉を扱うトレーニングにはならないし、「何かを学んでいる」といった手応えや「自分にはコレがある」というものもつかめません。冷凍食品を一〇〇万回解凍しても一人前の料理人になれないのと同じです。

「言葉を扱う力」はあらゆる表現の土台になります。

何かについて考えたり書いたりするときはもちろん、会話や身振りを通じてメッセージを伝えたり、コツやヒントを教えたりするときにも私たちは言語を使う。まだ目の開かない赤ちゃんだって、親の語りかける声や家の中の会話に耳を傾けながら、この能力を必死で伸ばしています。大人も同じで、読むもの・見聞きするものを通じて日々、鍛錬（たんれん）していかないといけないわけです。

ところが、「ほとんど読み飛ばし」であるインターネットは、負荷が軽すぎる。トレーニングには多少キツい面がないといけないのです。

思うに、「ネットを見る」とは言うのに「読む」とは言わないのは、新聞や本を手に取るのに比べてはるかにラクだからではないでしょうか。

つまりネット漬けの現代人は、ヘラヘラと楽ちんメニューをこなしている運動部のようなものです。レクリエーションや娯楽ならそれでもいい。でも、試合で勝ちたいなら話は別です。

今からでも決して遅くありません。「言葉を扱う力」をつけるための基礎練習をしましょう！

日々、スマホで情報を受信・発信するだけではなく、長い文章にもきちんと腰を据えて向き合うのです。

新聞や雑誌の記事に目を通したり、なじみのないジャンルの解説や評論を読みこなしたりすることで、少しずつ力を養っていく。さらに、その過程で出会ったお気に入りの文章や愛読書とじっくり付き合いながら、自らの表現の基礎を固め、進化させていく。

「ちゃんと読む」ことで得られるのは、言語を操る技術だけではありません。違ったものの見方や思いもしなかった考え、それに新たな知識や概念も、読み続けるうちに自分の中に積もっていく。それらが混ざり合い発酵していく過程で、あなたは借り物ではない自らの表現にたどり着けるでしょう。

冒頭で述べた「自分の言葉を育てる」とは、このようなことです。

いい文章にたくさん触れる

申し遅れましたが、私は著作家・ライターとして15年ほど活動しています。

著作には情報整理のスキル本から、読書や図書館活用などのノウハウ本、趣味の散歩や旅のヒント、古典名著の現代語訳など多数。ライターとしても、著名人のインタビューから会社や事業所の訪問記、商品レポートや体験ルポ、書評など、さまざまな文章を作ってきました。とくに専門分野を決めず、「なんでもやる、なんでも書ける」をモットーにしています。

本を出すようになってからは、自治体や企業に招かれて講演をする機会も増えてきました。人前に出るのはあまり好きではないけれど、初対面の人と話したり質疑のやり取りをしたりするのは刺激的でワクワクします。

ところで、そうした機会によく出てくる質問があります。

どうして奥野さんは、そんなにいろいろなものが書けるんですか？

先日も社会人向けのセミナーで聞かれました。ストレートな物言いに、2秒ほどキョトンとしてしまったけれど、次のように回答したのを覚えています。

うーん……まあ、鍛えてますから。いろんな分野のさまざまな文章を読んで

そうなんです。自分で言うのもなんですが、私はスゴい人ではない。生い立ちや環境、学歴・職歴も、まあ平凡です。どちらかといえば甘やかされた方で、特筆すべき困難や挫折もない。そんな負い目(?)もあって、たまにこんなことを思います。

世の中にはもっとユニークな生き方だったり、壮絶な体験や血の滲むような努力をしてきたりした人がいるのに、なんで自分みたいなのが人様の前で語っているんだろう……。

というわけで、先ほどの回答になったわけです。

因果関係をハッキリさせることはできないけれど、四六時中、書くための訓練や研鑽（けんさん）を心がけてきたことは間違いない。自分の趣味や関心のあるものだけでなく、できるだけ幅広いジャンルの文章に触れ、哲学や地理歴史、政治経済、そして自然科学といった専門的な本も手に取ってきた。それは文章に限らず、何かを表現する上で必ずプラスになっているだろう、と。


べつに修行僧のような生活をしているわけではありません。私も現代人なので、だらだらとネット検索を続けたり、ＳＮＳにへばり付いたりする日もあります。海外ドラマやアニメを全話イッキ見したり、テレビゲームに何日もハマったりすることもある。会社務めの人から見れば怠（なま）け者かもしれません。

それでも、「読み方」には、細心の注意を払ってきました。


常に意識しているのは「いい文章にたくさん触れる」ということです。

これは極めてシンプルな道理です。演奏家はいい演奏を聞く。建築家はいい建築を見る。料理人はいい料理を食べる。文章家も同じで、ダメな文章にはなるべく身をさらさないようにする。説明不要でしょう？

私の言う「いい文章」は、文学作品や古典名著のことではありません。新聞の論説や雑誌のコラム、著名人のインタビュー、歴史や経済のガイドブック、科学や哲学の入門書、料理や家事などの実用書にも、腰を据えて向き合うべき「いい文章」はあるのです。

私はライターになろうと思った14歳のときから、そういった身の回りの読み物の中からキラリと光る部分を見つけては、何度も目を通し、ときに線を引いたり切り抜いたりすることで、印象に刻み込んできました。ただ伝えたいことを文章化するだけでなく、見聞きしたことを咀嚼（そしゃく）し、「自分の考え」としてまとめ上げる上でも、このトレーニングは有効だったと思います。

要するに「読むべきものは、ちゃんと読む」ということです。漫然と右から左に流すのではなく、ときには立ち止まってじっくりと文章に向き合う。よく味わって食べよう、ちゃんと噛んで消化して体の一部にしよう、と。

これこそ書き手だけでなく、言葉を扱う力が求められる現代人に勧めたい「基礎練習」だと考えています。

ここで、いったん整理しておきましょう。

1. さまざまなものに触れる
2. いい文章に身をさらす
3. 内容をしっかり咀嚼する

表現する人には、こうした反復練習が必要なのです。

コスパが悪そうな「習慣」が、人生にプラスをもたらす

ただし、このトレーニングには少し難点があります。

面倒くさいのですね。

本書では、紙面を切ったり貼ったりといった「手を動かして読む習慣」を勧めて

います。本をじっくり読んでマーカーを引いたりするくらいならまだいいけれど、新聞から書評ページを抜き取ったり、記事をノートに貼り付けたりしていると、たまに自分でも思います。まるで明治時代みたいだ……。

手間だけでなく時間もかかります。

新聞記事を保存するケースで比較してみましょう。

私が仕事で使っているMacBookで、電子版の紙面を保存するのには3秒もかかりません。ところが、ハサミとのりで同じ作業をしたら確実に5分はかかる。いや、実際には「これホントに要るかな?」とか「ここがはみ出すからカットして……」とか、往々にしていろいろな作業が発生するもので、トータル15分くらいかかってもおかしくない。

正気かコイツ！　と言われても仕方ないでしょう。

しかし、私はこういった行為を20年以上も続けています。仕事にパソコンやスマホを活用する一方で、恐ろしいほど非効率で生産性の低い「読み方」を大事にしているのです。

理由はもちろん「基礎練習だから」です。ただ、どんなにためになることであれ、ツライのを我慢するだけでは何年も持ちません。面倒くささや苦しさを上回るほどの「おもしろさ」「気持ちよさ」があるから続けられるのです。

ちょっと運動に似ています。公園を何周も走るより、ベッドでゴロゴロしてた方がラクなのは間違いない。でも、現実に朝の公園にはランニングしている人がけっこういる。私も毎日、朝食前にウォーキングをしていますが、義務感からではなく、気持ちいいからやっているだけです。バイクで同じコースを走ってもこの爽快感は得られません。同様の理由で、私はMacBookではなく自らの手で新聞記事を切り抜いているわけです。

つまり、効率が悪いから上質な文章を細部まで味わうことができる。生産性が低いから情報に触れる過程を純粋に楽しめる。その結果、おのずと「言葉を扱う力」がアップする——。

本書では、そんなふうに楽しみながら力を養える具体的なメソッドを、継続的な「習慣」のかたちで提案させてもらいました。

一見「コスパ」が悪いように思えるけれど、長い人生のスパンで見れば、きっとあなたにとってプラスになる。そんな習慣ばかりです。

といっても、とりたてて特別なことではありません。身の回りにある新聞や雑誌、書籍、それにデジタルコンテンツとの付き合い方に少しだけ変化を加え、負荷をアップさせるだけ。

たとえば電車でひとつ先の駅に行くのに「近ごろ運動不足だから、歩いて行こう」といった程度のことです。「筋トレで割れた腹筋を手に入れる」とか「TOEIC®で800点以上を取る」とかいったことに比べれば、はるかにラクだと思います。両方ともやってみたことありませんけれど。

いざ、新たな視座や知見を手に入れる旅へ

「言葉を扱う力」をつけ、さらに自らの思索や人格に裏打ちされた「自分の言葉」で表現できるようになれば、あなたのメッセージはより伝わるようになるでしょう。

メールやレポートなどの文章はもっと読んでもらえるようになり、ネットでの発信力もアップする。プライベートに限らずビジネス上の人間関係も、意思疎通がうまくいくことで、さらに充実するかもしれません。

しかし、本当に大切なことは得られる成果ではなく、「ちゃんと読む生活スタイル」、それ自体です。

文章と真摯（しんし）に向き合うことを通じ言語を扱う力を養う。と同時に、さまざまな文

章に触れることで新たな視座や知見を手に入れ、自らの軸となるものを作り上げていく。それによって、これまで考えもしなかったことが考えられるようになり、想像もしなかったことが想像できるようになる。

つまり「ちゃんと読む」ことで、視野が広がり思考は深まる。そして、もっと自由で豊かな世界を持つことができるのです。

そのメカニズムを説明する前に準備体操をしておきましょう。ちゃんと読むための基本が身についているか。まずは自分でチェックしてみてください。

最初の習慣改善
──5つの約束

約束
01

「ちゃんと寝よう」
——睡眠不足は大敵

まずは、しっかり寝てください。

いきなり生活指導みたいで申し訳ないのですが、睡眠不足でいいことはひとつもありません。

忙しくても「睡眠時間の確

保」を最優先にしてください。

日本人の平均睡眠時間は、OECD加盟国で最短の7時間22分（2021年調査）で、しかも年々短くなっているそうです。これはどう考えてもよろしくない。

医師によれば、睡眠不足では注意力や記憶力などの認知能力が低下し、仕事のパフォーマンスが落ちるとのこと。

当然ながら、集中して読むことも難しくなるわけです。

では「充分な睡眠時間」はど

れくらいなのでしょうか。

これは人によって違いはあるものの、目安として7、8時間程度とされています。

土日も「寝貯め」はせず、生活リズムを崩さないようにしてください。


忙しい人ほど、つい「寝不足でも頑張れば大丈夫」と考えてしまうけれど、やはり体調や頭脳には響くのです。

書くことを仕事にしている私でも、睡眠時間が6時間を切ってしまった場合には、執筆はあきらめてほかの仕事をすることにしています。机に向かっても頭は回らず、眠気との戦いになるだけだからです。

眠気を感じる日は、無理して読むより睡眠不足のリカバーを優先してください。「早く帰って寝ること」こそ最優先の仕事だと考えるのです。

布団に入る時間を決める

「でも毎日、仕事が遅くて睡眠時間を削らざるを得ない」という人は、ちょっと発想を変えてみてはいかがでしょう?

毎日決まった時間に、とりあえず寝る支度をして布団に入ってみるのです。そして「しばらくしても眠れない場合に限って、夜更(よふ)かしをしてもいい」とする。

たとえば、21時に帰宅したらすぐ風呂に入り、22時には布団に入っていったん消灯する。そのまま寝た場合、6時起床なら睡眠時間は8時間。TVドラマくらいなら出勤前に見ることができますね。

反対に、眠れなかった場合はそのまま

寝床でマンガを読んだり音楽を聴いたり、といった具合にリラックスして過ごせばいいのです。

キーワードは「睡眠最優先」です。こういう生活設計をして、日中に眠気を感じないようであれば、読むためのコンディションは万全といえます。

だまされたと思って一度やってみよう
22時に寝るなんてムリかも……

約束

02

「まずは毎日5分だけ」
——ちょうどいい緊張感で

読むものをためて一気に片付けるのはやめましょう。

最近あまり読めてないなぁ、と思ったからといって「次の週末は引きこもって読書三昧(ざんまい)だ」とか「たまった雑誌を一気に読んでしまおう」とか考えるのはやめた方がいい。

こういう目論見（もくろみ）はまずうまくいかないからです。

忙しいから後でまとめてやるのではなく、たった5分でもいいので、毎日何かを読むようにしましょう。

つまり、「土日に1時間（60分）」より「毎日5分（7日で35分）」の方が望ましい。

短時間の方が集中力をキープしやすく、リズムも生まれて習慣化しやすいからです。

それに「週末の空き時間」というのは、あまり当てにしてはいけません。

電化製品が動かなくなった

り、会社から電話がかかってきたりすると一瞬で消し飛んでしまうからです。

試験を受けているように読む

「5分だけやろう」は魔法の言葉です。なぜなら、だいたい5分では済まないから。

実際ためしてみるとわかるのですが、ストップウォッチで5分を計ってもらって

「はい終了」と言われると

「え、もう終わり？」

「もっと読みたいのに」

と思ってしまう。

面倒なことでも、始めてしまえば意外と続くのです。

「1日5分」で土台ができたら、次は「1日15分」の習慣化を目指しましょう。

「キッチンタイマーをセットして読め」ということではありません。ただ、朝9時に仕事を始めるなら「少し早めに席について、8時40分ごろから読み始める」とか、通勤電車で「降りる駅の3つ手前の駅を通過したら読み始める」とか、ちょっと「限られた時間」を意識させるような工夫をしてください。

専門家によれば、脳を健康に保つためには、少し追い立てられた「試験を受けているような状態」を作るのが好ましいそうです（築山節『脳が冴える15の習慣』ＮＨＫ出版より）。帰宅途中に30分だけカフェに寄って、少しだけ明日の用意をして残りの時間で読む、というのもいいですね。

どんな鈍行列車でも乗り続けていれば確実に前に進みます。それが毎日積み重なる

と、ものすごい距離になってくる。1日15分も読めなければ5分でもいいし、それも難しい日には、カバンから本や雑誌を取り出して眺めるだけでもいい。「触れる」だけでも心理的ハードルが下がるからです。

短時間の緊張感を持った読み方——。これは習慣にすることで大きな成果をもたらします。

習慣化のコツは、毎日決まったタイミングでやることです。

といっても、厳密に時刻を決めねばならないわけではなく「朝ごはんの前」や「帰りの電車の中で」といったものでいいと思います。

なかにはまったく時間がない日もあるでしょう。そういう場合には、数十秒でもいいので、とにかく「活字に触れる習慣」だけは守っておきましょう。「1日30ページ」「ひと月5冊」というように量を気にしてはいけません。これは競技ではないのです。

いったん習慣にしてしまえば、「さあ読むぞ」という気構えが要らなくなります。「この時間帯には何か読むことになっている」といった具合に意思決定を免れられ、精神力を使わずに済む。長い目で見てラクなのです。

私は、休日に家族で遊びに行くときでも、5分くらいのスキマ時間で新聞の書評や雑誌のコラムなどを読んでいます。2、3日でも「まったく読まない日」を作ってしまうと「読む日」が億劫になってしまうから。

つまり、次の火起こしのために〝埋み火〟をキープしておくのです。

約束 03

「少しだけ背伸びを」
——〝読まず嫌い〟から抜け出す

三つ目の約束は、少しだけ「背伸び」をすること。

たまには飛べるかわからない高さのハードルに挑戦してみてください。

人によって苦手なものはいろいろあると思います。

長編小説や分厚い評論、解説

記事など「単純に長い文章がイヤだ」という人もいる。

経済ニュースや芸術の話題、歴史の本など「このジャンルはどうも頭に入ってこない」というのもあるでしょう。

私も字の詰まった本はなるべく避けたいし、クルマや野球の話にはまったくついていけません。

ただ、それでもたまには立ち向かわねばなりません。

「イヤだ」「わからない」と全部スルーしていて、読む力はつかないのですね。

少し筋トレと似ています。

「ちょっとキツいな」と感じるから筋力がつくのであって、何回でもこなせる楽々メニューでは効果は出ません。

かといって、いきなり「腕立て100回」というのも無謀なので、少しずつ負荷を上げていく。

受験勉強や語学、楽器の練習なんかにも通じるところがあります。

残念ながら、聞くだけで英語がペラペラになるとか、押し当てるだけで腹筋がバキバキになるとかいったことはないのです。

だから、読むときに少しだけ負荷をかけていきましょう。

病院の待合所でヒマ潰しに本棚を見ていたら、興味のある分野の専門書が出てきた。こういうときでも「これは難しそうだからいいや」ではなく、いちおうは手にとってパラパラめくってみましょう。

内容は理解できなくていい。ふだん目にする機会のないテキストに触れるのが大切なのです。

しんどいのは最初だけ

新聞の国際面に、パレスチナ問題に関する長い記事が出てきた。ややこしいし時間もないから飛ばしたくなるのをグッと堪（こら）えて「3分だけ我慢してみよう」と腹をくくって読んでみる。

雑誌で金利や円安など意味のわからない金融用語が出てきても、何とか食い下がって字を追ってみる（わからない言葉を知ることも一歩です)。このような、ちょっとしたチャレンジを重ねてほしいのです。

最初はしんどいでしょう。それでも、こんな経験を少しずつ積み重ねていけば、新書くらいならラクラクと読めるようになるし、難しい国際面の記事だって、だんだん頭に入るようになってくる。

とくに書籍はテーマの裾野が広いので、「手に負える難易度」「わかるジャンル」がわずかでも広がると、そこを取っ掛かりにして読める本が大量に出てきます。

そこからさらにチャレンジを重ねていけば、読めるものはねずみ算式で爆発的に広がっていく。

つまり「これは太刀打(たちう)ちできないかも……」と思ったときこそ、一皮むけるチャンスなのです。

まずは
テキストに
慣れることから
ムズっ!
専門的すぎて
読めないよ

約束

04

「もっと紙と親しむ」——軸足はアナログに

最近、紙の新聞を読みましたか?
自宅に紙の本は何冊あるでしょう?

四つ目の提案は、スマホやタブレットだけじゃなくて、もっと「紙」と仲良くなること。

時代の流れに逆行するようですが、私は読む力をつけるためには「紙」に軸足（じくあし）を置くべきだと思っています。

端末はどんどん進化し、フリーWi-Fiや5Gなどの通信サービスも充実しているので「もう全部デジタルでいい」と言いたくなる気持ちはわかります。

ただそれでも、まだ「紙」を遠ざけるには早すぎるのです。

ネット社会の現代でも、紙でしか読めない新刊や雑誌はたくさんあります。

また「紙の本=文字だけ」というイメージがあるかもしれませんが、じつは紙の本には、大きくてわかりやすい図版や印象に

search

read

残るレイアウトといった、ネットにはない付加価値もたくさんある。

電子書籍では少ない図鑑や大判のビジュアル本は、読むのが苦手な人にとって力強い味方となってくれるのです。

それに図書館の中には電子書籍を提供する施設も増えてきたものの、まだ蔵書の大半は紙です。「紙の本は重いからイヤ」と言ってしまったら、数百万の文献につながる可能性を自ら断ち切ってしまうことになります。いくらなんでも、もったいないのでは？

さらに、「つながりの強さ」というか、長くて深い付き合いができるといった点でも、紙の本には一日(いちじつ)の長(ちょう)があります。

印象に残るのは「紙」

紙とデジタルとで「どちらが好きか」は、人による。しかし「どちらが頭に入るか」では、デジタルより紙の方が勝っているとの研究結果が出ています。

２０１８年にイスラエルで行われた学術調査では、小学５・６年生を紙とコンピュータのグループに分けて文章を読ませてからテストした結果、「紙グループ」の方が、良い成績を残したとのことです（２０２１年７月１日／読売新聞《紙媒体「読解力育む」》）。

さらに２０２１年の東大の調査では、スケジュールを手書きでメモした場合、電子機器を使うケースより記憶に残ることが確認されており、研究チームの酒井邦嘉教授（言語脳科学）は「紙の教科書やノートを使った学習の方が効果が高いとの根拠が示された」とコメントしています(前)。

これは毎日、電子媒体と紙媒体の両方を読む私の感覚とも合っています。

モニタ上で読む方が便利だけれど、印象に残るのはわざわざ紙を持ち歩いて読んだ方なのです。だから、紙と縁を切るのはまだ早い。文庫や新聞・雑誌など、常にひとつは「紙」を持ち歩いてください。

一方、デジタルの利点は手軽さです。大量の情報を入れてもかさばらずモバイル通信で入手できる。この点において紙は比較にもなりません。

「何が書いてあるか手早くつかみたいときはデジタル」「じっくり読んで頭に入れたいときは紙」と使い分けるようにしましょう。

極力、荷物は
減らしたいよ
文庫を1冊
持ち歩くだけでOK！

約束05

「無理して読まない」
――結果より過程を味わう

最後の約束は「読書論」的なこだわりを捨てることです。

とくにビジネスパーソンに多いのですが、本を手に取るとき、無意識のうちにさまざまな「決まりごと」を作ってしまっている人がいます。

よくあるのが「飛ばさずに前から順に読まないといけない」や「読了しないと読んだとは言えない」といった思い込みです。

さらに「今年は、毎月3冊以上読むことにして年間50冊をクリアしよう」とか「教養を身につけるために、この100冊をすべて読まなきゃいけない」とか、数値目標を立てている人も見かけます。

こういうアプローチが楽しくてしょうがないなら私はなにも言いません。

しかし、なにか義務感や焦燥感に駆られた結果、思っているのなら、そんなこだわりは1秒でも早く捨てた方がいいでしょう。

本は逆から読んでもいいし途中で飛ばしてもいい、パラパラめくってわかるところだけつまんだり、図版や表、イラストだけ眺めたりしてもいい。それどころか読まずに部屋に飾っておいてもいいのです。

「通読」や「読破」といったせせこましい考えから抜け出しましょう！

本はテレビゲームのようにクリアするものでもなければ、読む量や速さを競うためのものでもありません。同時に人格を磨くためのツールでも感性を豊かにするための養分でもない。本は本として、ふつうに付き合えばいいのです。

気持ちのいい読書体験を

目を向けるべきは「結果」より「過程」ではないでしょうか。

本と一緒に過ごした時間が、振り返って「よかった」と思えるようであれば、それで充分です。

私は、本を読むという行為は「登山」ではなく「ハイキング」と捉えるのがいいと思っています。

何も必死になって登頂しなくてもいい、普段と違う景色を眺めながら、気持ちのいい山歩きができればそれでいいじゃないか、と。

前から順に、一言一句も逃さず、しっかり記憶しながら読み進んで、ついに「読了」する。そんな読書は、専門家や研究者に任せておけばいいのです。

つまらない本を我慢して「読破」するくらいなら、途中で放り投げてもっと楽しめる本に切り替えてください。そうして本当に心から好きになれる本に出会う方が大切だと思います。本棚には「読了した本」ではなく「これからも付き合う本」をそろえておきましょう。

愛読書に「読了」はありません。何度読んでもどこを読んでもグッとくる作品との出会いは一生ものです。出張や旅行に持って行ったり、電子版やオーディオブックで〝読み返し〟したりして、末永く付き合っていける。

通読や読破といった成果より、たっぷりと「好き」に浸（ひた）った時間の方が、自分の軸になるはずです。

すぐに全部
読まなくていいの？
一生かけて
付き合えば
いいんだよ

ちゃんと「読む」ための本　目次

序章 自分の言葉を取り戻す旅――本書の活用法

第1章

「生活」の習慣

——デジタルとの〝間合い〟をつかむ

第2章 「収集」の習慣

——新たな視点を得るための背伸び

STEP 02

書籍へのアプローチ

第3章 「拡散」の習慣
――大量ブラウジングで質を上げる

第4章 「収束」の習慣
——〝壁〟を乗り越えるリーディング

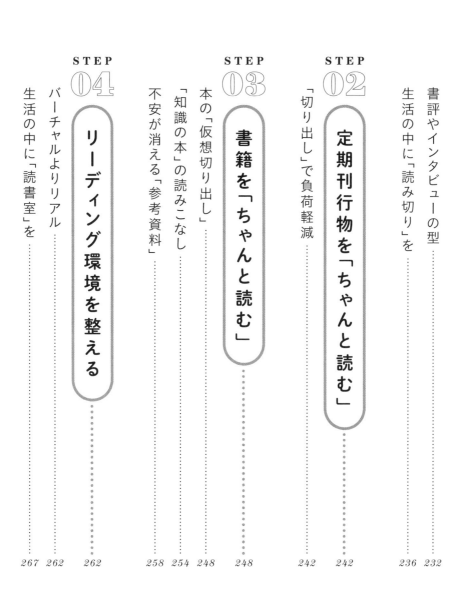

第5章 「活用」の習慣 ——体を使って頭に残す

ブックデザイン　三森健太（JUNGLE）
イラスト　佐藤香苗
著者エージェント　アップルシード・エージェンシー
編集　大隅 元（PHP研究所）

序　章

自分の言葉を取り戻す旅
――本書の活用法

生きる上で、「書くこと」と「話すこと」は欠かせません。
そして、そこには「言葉」が介在します。
なぜ、あなたは読まなくてはいけないのか――。
この本質的な問いを深掘りしていきます。

オーウェルの暗示

本書の目的をお伝えして「準備体操」も終わりました。

続いて、少しだけ言葉をめぐる現代社会の問題について考えてみましょう。

ちょっと理屈っぽくて回りくどい話ですが、私は本書のメッセージを深く理解してもらうためにも、危機感を共有しておきたいのです。早く具体的な習慣を教えてほしい、という方は次の章に行ってください。


『1984年』という有名な小説があります。1948年に英国の作家ジョージ・オーウェルが、（年号の下二桁を入れ替えた）未来社会を描いたものです。

1984年のオセアニア国では、独裁者のビッグ・ブラザーが「テレスクリーン」という機械で家の中まで見張っている。そして寝言ひとつ漏（も）らすだけで思想警察に逮捕される。よく「現代のIT監視社会を先取りしていた」と評価される作品です。

作中のオセアニアでは、ニュースピーク（新語法）と呼ばれる「言語」が使われています。特定の言葉の使用を禁じたりするのは古今東西の専制国家がやってきたこと

ですが、ビッグ・ブラザーは、検閲どころか言語体系を丸ごと作り替えようとしているのです。

目的は国民の肉体だけでなく精神まで支配すること。「ニュースピークは思考の範囲を拡大するのではなく縮小するために考案された」(『一九八四年〔新訳版〕』/早川書房)というわけです。

私は、今の社会を考える上で注目すべきなのは「テレスクリーン」ではなく、こちらの「ニュースピーク」だと思っています。

ニュースピークの基本原理は、言葉を徹底的に刈り込んで最小化することです。たとえば、作中でニュースピークの辞書を作っている真理省調査局の担当者は、「bad」という言葉は不要だと指摘しています。理由は「good」に否定の「un」を付けて「ungood(よくない)」と言えばいいから。同様に「excellent」も「amazing」も不要です。「plusgood」「doubleplusgood」と言えばいい。

「自由という言葉」がなくなれば「自由という概念」もなくなる。そうなると民主化を求めるデモや大衆運動も起こりえない。究極の全体主義は、監視や洗脳ではなく言語によって完成する――。

オーウェルはべつに未来を予言したかったわけではありません。ただ、元ジャーナリストの作家として、こう忠告したかったのでしょう。

言語と思考は、じつは同じもの。つまり表裏一体であって、「言葉を大切にしないと何も考えられなくなるよ」と。

どういうことか。

たとえば、「難しい話なんてわからなくても大丈夫。スマホで検索すればいい」と主張する人がいます。私はこの意見に反対です。使える言葉が少なくなれば「考えられること」も少なくなっていくから。よって、知識や語彙は増え続けるよう、学びながら生きていかねばならない。でなければ、そのうち検索ワードすら思い浮かばなくなってしまうでしょう。

さて、ここで現代のＳＮＳに目を移せば、膨大なユーザーの書き込みで埋め尽くされています。パッと見たところ自由で豊かな言語空間のように感じる。

ところが、実際に一つひとつ見ていくと、内容や表現のバリエーションは意外に乏しいのです。

商品やサービスの評価は「神」か「クソ」か。ニュースのコメント欄も一見すると「議論」に見えるものの、実際のところバズワードをみんなでぐるぐる回しているだけだったりする。

幸いにして、現代にビッグ・ブラザーはいません。少なくとも日本では、インターネット上に明らかな情報統制や検閲、監視システムはなく、表現や思想の自由があります。

にもかかわらず、私たちは自ら進んで言葉を刈り込み、思考の範囲を縮小する道を選んでいるように見える。ある意味で『1984年』より恐ろしい状況です。

それでも、ネットニュースやSNSのトレンドと無関係に生きていくのは難しい。同業者である20代の友人は、主にネット記事を書いていて、どんな言葉を入れればPV（ウェブ上の閲覧回数）が伸びるかをいつも気にしていています。そのため一日中、インターネットばかり見ている。

これではじっくり何かを読みながら考えたり、街を歩き回って見聞を広めたりする時間はありません。先日も「書き手として、こんなことでいいのでしょうか」と相談されたのですが、いいわけがない。

ネット空間で受信と発信を繰り返しているだけでは、言葉が貧困になり、思考も衰退する——。

情報社会で遭難しないためにも、私たちは「ちゃんと読む」習慣を身につける必要があるのです。

「書く」前に「読む」

ここで、「言葉を扱う力」を伸ばしたいなら、ブログやSNSを「書く」方がいいんじゃないの？　と思う人もいるかもしれません。

もちろん書くのはいいことです。言語能力が鍛えられるのは間違いない。

ただ、毎日の習慣にするのはハードルが高すぎるのでは？　というのが私の意見です。

すみずみまで神経の行き届いた文章を書くのはひじょうに骨が折れるし、だからといって手抜きではトレーニングにならない。また本気を出すには、題材も「書くに値すること」である必要がある。そんなものを毎日のように見つけられるのか。

というわけで、「××でランチを食べた」とSNSに投稿したり、月に何回か「△

△へ行った話」といったブログを書くより、毎日コツコツと「ちゃんと読む」ことを習慣化した方が効果が望めるのです。

また「書く力」は、読むことで養えます。

アウトプットの土台に「読む」があり、表現に優れた人はちゃんと読む習慣を持っている――。ライター志望者向けのセミナーで講師をやっていると、このことを痛感します。

たとえば、受講生の中にはライター志望ではない人がちらほらいる。「書くスキルを業務に役立てたい」と考えている会社員などです。

彼らは発信したいわけではないから、ブログやSNSもやっていなければ、文章を書いた経験もほぼありません。ところが、そういう人に限ってライター志望者より味わいのある文章を書くのですね。で、少し話してみると、その人から私も聞いたことがないような書き手の名前がポンポン出てくる。つまり、腕の立つ読み手は「いい書き手」の予備軍なのです。

仕事においても、ちゃんと読む人の方がデキる印象です。

私の業界でいうと、メジャーな雑誌で活躍しているライターや全国紙でコラムを書いているような記者は、ネット上のトレンドに限らず、幅広くいろんなものを読んでいます。しかもただの情報通ではなく、しっかり腹に入れて自分のものにしている。私もたまに取材やインタビューを受けるのですが、雑談ひとつでも引き込まれて、つい話に熱中してしまいます。

組織を率いる人にも同じことが言えそうです。土曜日の『日経新聞』には、トップが愛読書を語る「リーダーの本棚」という連載が載っています。それを見ていてよく思うのは、やはり「やり手」は読んでいるなあ、ということ。

普段から経済誌のインタビュー記事などで「この社長はちょっと違うな」「この人は何か持っていそう」といった感じで名前をチェックしていた人物は、だいたいバックボーンに独特の読書遍歴があります。愛読書リストの中に、有名な歴史小説だけじゃなく大学時代の恩師に勧められたアカデミックな文献が紛れ込んでいたりする。「ああ、どうりで」と膝を打つわけです。

つまり、「書く」前に「読む」が大切なのです。

何かを書いたり話したりするためのもっとも基本的なトレーニングは「ちゃんと読む」ことであって、書かなくても土台は固められる。

「読む」をすっ飛ばして表現しようとするのは、相撲取りが四股(しこ)を踏まずに番付を上げようとしたり、ボクサーがロードワークをサボってタイトルを狙うようなものです。

言い換えれば、自分の感じていることや考えたことをSNSに書いたり、だれかに話したり、人前でプレゼンしたりといった「発信」は、後回しでいい。「ちゃんと読む」というトレーニングを通じて力を付け、自分の軸を作り上げてからでいいのではないでしょうか。

自分をつくるための「小さな習慣」

ここまで読んで、「読み方を身につけないといけない理由はわかったけれど、じゃあ何を読めばいいの？」と戸惑う人も多いでしょう。

詳しくは本編で語っていきますが、読む対象は、身の回りにある普通のものでOKです。「××新聞じゃないとダメ」「この名著リストを上から順番に」なんて、うるさいことは言いません。

ただし、手に取るなら「本気で書かれたもの」にしてください。つまり、だれかが頭をひねり汗をかいて作り上げた文章です。本でもネットでもいいけれど、「手抜き仕事」にはなるべく関わらないようにする。

目の前にあるテキストは、自らの時間とエネルギーを費やして読むに値するものかどうか——。この意識を常に持ち続けてください。

その上で、これから皆さんにやってもらいたいのは、日常的に触れる文章との関わり方を変えることです。

コンテンツと付き合うあらゆる場面で、少しだけ負荷をアップさせる。そして言葉を扱うための基礎体力を養い、あわよくば増強のチャンスをうかがう。

一念発起してナントカ講座に通ったり、時間があるときだけトレーニングをしたりするのではなく、毎日淡々と「小さな習慣」を続けるのです。

もうおわかりだと思いますが、本書の目的は、読むことを通じてビジネスの現場で一目置かれるような教養や知識を身につけることではありません。また、大量の情報をさばくことでひらめきやアイデアを生み出したり、SNSで注目と称賛を浴びるような書き込みをすることでもない。

読む力はすべてに通ずる

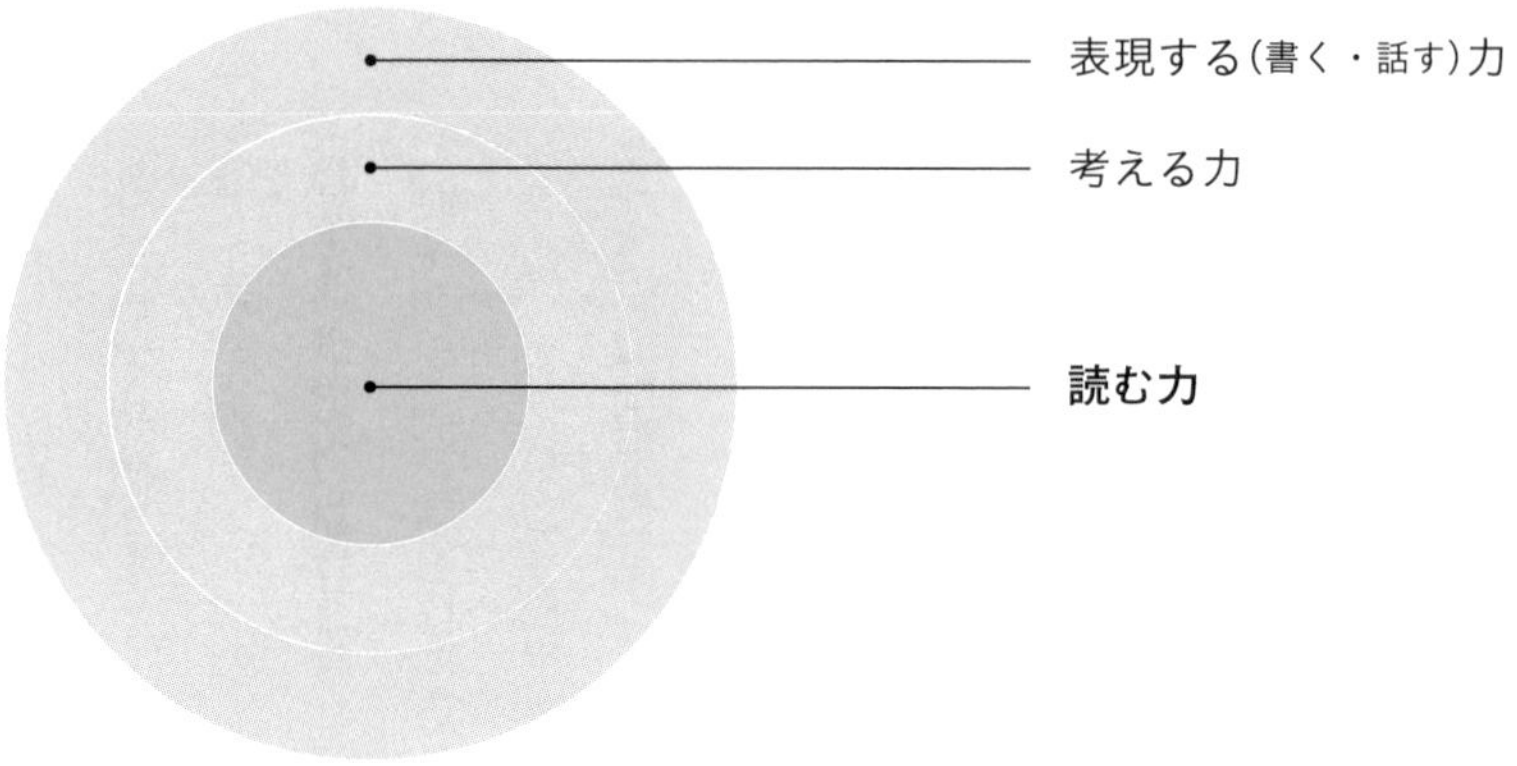

本書で伝えたいのは、自己を確立するための読み方です。

ちゃんと読むことで表現の土台となる「文字を扱う力」を養っていくのは、同時に何かを真剣に考えることでもあります。

最終的な目標は、自分の頭の中にあることを自分で納得のいくかたちで表現できるようになること。何か文章を書いたり、人前で考えを発表したりといったとき、「自分で考えたことを自分の言葉で表現できた」と思えれば、それで充分です。「いいね」や閲覧数より、自らの感覚を大切にしてください。

「今回の表現は、以前より確実に前に進

んでいる」
「目的に合わせて中身のある発言ができたと思う」
「ほんとうに書くに値することを自分の言葉で書けた」

このような手応えが得られれば、間違いなく自信になる。そんな意識や心の余裕は、読む側・聞く側にも伝わるもので、周囲の反応や評価も変わってきます。

このことは、私たちを取り巻くネット空間の知的退廃、それにＳＮＳでの受信と発信の繰り返しに空虚や閉塞を感じ取っている人にとって、「人生が変わる」といってていいほどのインパクトがあるでしょう。

学生から社会人まで、「ちゃんと読む」ことを通じて、一人ひとりがあるがままに生きることができる――。本書がそんな一助となることを願っています。

第1章

「生活」の習慣
——デジタルとの“間合い”をつかむ

まだ本を手に取るにはちょっと早い。
あらゆる情報を瞬時に手に入る現代は、「異常」ともいえる状態。
まずは、そんな時代に染まり切った生活環境を見直す必要があります。
人によってはツラいかも。
ちょっとずつでいいので、慣れていきましょう。

STEP 01

日々のルーティンを見直す

「朝」ですべて決まる

もっとも大切な習慣は、朝日をしっかり浴びることです。

言い換えれば、午前中に一度は外に出ること。在宅勤務の人でも5分だけ表に出て体操するとか、近くの公園まで行って帰ってくるとか、なんでもいいので朝のうちに一度は外に出るようにしてください。

休日でも、なるべく日が上り切らないうちに外気を浴びるようにしましょう。

本を数ページ
読んだだけで、
スマホを
いじっちゃう

読むのに関係ないぞ、と思うかもしれません。しかし、これは意外と重要なことです。目的は心身のコンディションを維持することにあります。

朝日を浴びれば、セロトニンの作用で意欲が湧いてくる。頭と体内時計がリセットされるので寝付きが良くなり、生活リズムも崩れにくい。といった話はいくらでもあります。医者が話す健康指導の定番ですね。

それとは別に、私が朝の外出が重要だと思う理由は、心身のチェックになるからです。朝日を浴びて気持ちがいいならコンディションもいい。逆なら何か調整が必要、といった具合に判断ができる。

私は毎朝、朝食前に散歩しているのですが、10分くらい歩くといろいろ考えが浮かんできます。「あの仕事どうやって終わらせよう」「本当にスケジュール大丈夫かな?」といった具合です。ほかにも「ヒザにちょっと違和感がある」「喉の調子が悪いかも」「きのうちょっと呑みすぎたかな?」といった体の調子もわかります。

コンディションに陰りがあるときは、無理して負荷の高い本や文章を読んでも頭に入りません。このように心身の声を聞く習慣を持っておけば、「今日の仕事はとにかく安全運転で行こう」「夕食は軽めにしてとにかく早く寝よう」といった具合に軌道修正できるのです。

逆に、歩き出してしばらくしても心配事や体の不調などのネガティブなことが頭に浮かばない日もあります。こういう日は絶好調です。先延ばしにしていたやっかいな案件を片付ける、ジムやプールに行って積極的に体を動かす、といった具合に攻めの姿勢でいきます。そのうち読もうと買ったもののまだほとんど手にとっていないような「負荷の高い本」もこういう日にチャレンジすることにしています。

毎日「気持ちいい朝」を迎えられるなら、コンディションは維持できている。すると「読む習慣」も軌道に乗り、効果が蓄積されていくというわけです。

専門家によれば、自分の精神状態が正常か心配になったときは「本が読めるか」もひとつの判断の指標になるそうです。双極性障害を発症した歴史学者の與那覇潤氏は「自分が書いた本を読んでも一切の意味がとれなくなり、猛烈な恐怖感がこみ上げて震えが止まらなくなった」と語っている（毎日新聞・医療プレミア２０１８年８月13日公開）。文献を読むプロでも健康を損ねるとこうなるのですから、私たちはもっと「読めるコンディション」の維持に敏感であるべきでしょう。

もちろん「毎日が最高！」といった感じで生きていくのは不可能です。それでも、気分の落ち込んだ日が何日も続かないようにする。もし調子が悪かったら、次の日は回復できるように試みる。コンディションが本格的に崩れる前であれば、何かおいしいものを食べるとか日帰り温泉に行くとか、ちょっとしたことで挽回(ばんかい)できるものです。

私が心がけているのは「宵越しのストレスは持たない」(三浦勇夫)ことです。毎朝、自分の心身と対話する時間を持つことで、やや負荷の高い文章でも立ち向かえるだけの集中力と思考力をキープしましょう。

習慣 001 必ず朝日を浴びる

習慣 002 午前中に軽く体を動かす

習慣 003 自分のコンディションを意識

習慣 004 ストレスはその日のうちに解消

「読むための体力」とは?

「ものを読む」のは意外と体力勝負です。

「若いころは本をよく読んだのに、今は読めない」というのは、好奇心や感受性の衰（おとろ）えに加えて、肉体的な衰えも大きいでしょう。

人間の筋肉量は20歳をピークに落ちていきます。

たとえばイスに座って何かを読む場合でも、体幹や筋力を使って姿勢をキープしているわけで、その力は年を経るごとに落ちていきます。20代は夜行バスでも平気だった人も、中高年になるとグリーン車のリクライニングシートでないと耐えられなくなってくる。会社帰りの電車など、心身ともに疲れた状態で本を開いてもなかなか頭に入ってこないのは当たり前なのです。

逆に言えば、体力がみなぎっているときは読むチャンスです。いつもならは苦戦するような文章でも相手にすることができます。

だから、まずは充分な睡眠とバランスの良い食事で英気を養うこと。そして、体力の衰えを防ぐことです。

普段からハードなジョギングや筋トレをしている人は、筋肉量があるから姿勢を安定させることができる。結果的に長時間、机に向かえる。

体育会系みたいな言い方で自分でもイヤなのですが、集中力や思考力の土台にあるのは筋力や体力なのです。

というわけで、「読めるコンディション」を維持するためには、ある程度の体力づくりが不可欠になります。

べつにジョギングやジム通いをしろというのではありません。たとえば、私がしているように散歩や体操といったごく軽めの運動でも効果はあります。

とくにクルマ通勤でほとんど歩かなかったり、デスクワーク中心で座りっぱなしだったりといった人は、何らかの運動習慣を作っておく必要があるでしょう。もちろん食生活もそれなりに気を使うべきです。

筋肉量を維持するための運動メニューは人それぞれですが、私はウォーキングが最適だと思っています。歩くのはジョギングとちがってだれでもできるし、シューズやウェア選びもそれほどシビアではない。ついでに買い物をしたり、図書館の本を返したり（返却ポストに入れる）もできます。

まずは1・5kmや3kmから始めてみてください。そんな時間がないという人はラジオ体操でもいいので、毎日体を動かすようにしましょう。

習慣化するためには毎日やるのがおすすめです。

「日曜日はお休み」「雨の日はお休み」といった具合にごちゃごちゃ考えるより、無条件のルーティンにしておく方がいい。判断しなくていいぶんラクです。雨の日に傘（カサ）やカッパで歩くのも意外と楽しいものですよ。

習慣 005 筋肉量のキープを心がける

習慣 006 ウォーキングで体力維持

習慣 007 運動を毎日のルーティンに

日中は「紙」と付き合う

冒頭に挙げた「最初の習慣改善」で、「常にひとつは『紙』を持ち歩こう」という提案をしました(35ページ)。

もちろん本でもいいけれど、はじめのうちは新聞や雑誌の方がラクです。ひとりの作家の手によるものより、さまざまな書き手が登場するものの方が飽きにくい。しかも好きな記事から読めるので、心理的ハードルも下がります。

カバンを持つのがイヤなら、新聞を1ページだけ破って折りたたみ、ポケットに入れておけばいいのです。これならスマホを持ち歩くより手軽です。

今どきスマホを持っていれば「移動中に見るものがない」なんてケースはない。それでも「紙」の何かを持ち歩いて、少しずつ読む。これは長文を読める体力を養うためのいいトレーニングになります。


紙の利点は「気が散る要素」がないことです。

スマホやタブレットはしょっちゅう通知が出ます。プッシュ通知をオフにしていても、電話の着信やＬＩＮＥのメッセージは避けられない。仮にそういった「ちょっかい」をすべて免れたとしても、こんどは他のことをする誘惑が待っています。ＳＮＳのタイムラインをチェックしたり、気になる言葉をネット検索したりといったことです。

ほかにもつい時計を見たり、フォントサイズや画面の明るさを弄り回してしまったりもする。

でも、紙なら「読むだけ」です。目障りな通知も時刻の表示すらない。目の前の文章に集中するためにエネルギーを使わずに済む。

つまり「紙は読めない人の味方」なのです。

コツは、スキマ時間を使ってコツコツ読むことです。電車やバスを待つ数分間やレストランで料理が運ばれてくるまでの間に、「ひとつだけ記事を読もう」とチャレンジしてみる。スマホで何かを見るのはその後にします。

これは意外といい気分転換になります。

紙を読むときの目の使い方は、デジタル端末で何かを読むときとは少し違うんですね。スマホよりも目から離して見るし、自然と視点の移動も多くなる。

それに「モニタの見過ぎ」を防ぐといった効果もあります。日ごろ業務でパソコンを使っている人は多いでしょうけれど、仕事もモニタ、息抜きもスマホやタブレットのモニタでは、目と脳によくないかもしれません。

近ごろは「スクリーンタイム」という言葉があって、パソコンやスマホにも使い過ぎを警告する機能がついているくらいです。WHO（世界保健機関）のガイドラインでは「2歳未満ではスクリーンタイムは推奨されない。2〜4歳でのスクリーンタイムは、1日1時間未満」とされています。大人だけ「好きなだけ見てもOK」なんてことはないでしょう。

とにかく端末にかじりついている時間は短い方が良さそうです。ちょこちょこ紙を取り出して読んでいけば気晴らしになるだけでなく、スクリーンタイムを減らすのにも役立ちます。

私はいつも、旅行や出張に行くときはA5サイズの薄い雑誌を折り畳んでポケットに入れておくことにしています。駅のホームや飛行機の待合所など、スキマ時間のたびに取り出して、読み終えたページは破ってゴミ箱に捨てる。

こうすると目的地に着くころにはポケットの中がカラになる。スマホでニュースやSNSの書き込みなんかを読み続けるより目が疲れにくく、バッテリー切れの心配もない。しかも「お気に入り」の雑誌をお供にすることで、有意義な時間を過ごせるのです。

習慣 008 新聞か雑誌をひとつ持ち歩く

習慣 009 「××が来るまでに読もう」のチャレンジ

習慣 010 紙で「スクリーンタイム」を減らす

習慣 011 折り畳んでポケットに

息抜きはアナログで

スキマ時間を使って読む、というと「朝から晩までずっと読み続けろ」といったふうに聞こえるかもしれません。しかし、そんなことを言うつもりはないのです。疲れを感じるときは読まなくてもいいし、むしろ積極的に目と頭を休ませてください。コンディションが悪いのに無理に読もうとするのは時間と労力の無駄なのでやめましょう。

では、「読めないほどではないけれど、なんとなく頭に入ってこない気がする」というときはどうするか。

おすすめは、新規のテキストに向き合うのではなく「すでに読んだもの」の処理をすることです。

たとえば、昼休みにコーヒーを飲みながら次のようなこととします。

・朝の通勤電車で開いた本の「すでに読んだページ」にざっと目を通す
・午前中に読んだけれど理解できなかった新聞の解説記事をじっくり読み返す
・「読み返し」のついでにマーキングしたり付箋を貼ったりする

新たに何かを読むのはそれなりの労力がかかりますが、これならほとんど負荷はありません。午後からハードな仕事が控えている場合でも安心です。

読み方を身につける秘訣は「本気で書かれたテキスト」に触れ続けることだ、と先に書きました。それは「常に新しいものを読め」と言っているわけではありません。すでに読んだ本や記事に繰り返し触れることでも、読む体力を養うことはできるのです。また、どうしても文章に触れるのがしんどいときは、本棚の整理をしたり雑誌を捨てたりするのもいいでしょう。

何日もかけて長い原稿を作るとき、私はいつも前日に書いた部分の修正から始めることにしています。この作業は15分から30分くらいかかってしまうけれど、いきなり続きを書き始めるより気楽だし、新しい文章を考えるための準備運動としても効果的なのです。「急がば回れ」というべきでしょうか、一見、時間のロスのように見えても丁寧にウォーミングアップをして取り組む方が、望み通りの結果が得やすくなる気がしています。

「本の続きを読んでいるのに頭に入ってこない」
「新聞の社説や解説記事を理解するのに苦労する」
「読みたいのについ別のことをやってしまう」

こういうのはコンディションが落ちているケースなので、無理して新しいものを読む必要はありません。きのう読んだページや既読の記事、繰り返し読んでいる愛読書など、低負荷なもので調整するか、それでもダメならテレビを見たり仮眠をとったりして、体力の回復を図ってみてください。

バイオリズムには逆らわず、じっくりと調子を戻していくようにしましょう。長編小説や専門的な解説記事など、エネルギーを必要とする文章に立ち向かうのは、コンディションを整えてからでいいのです。

習慣 012 疲れたときは「新規読み」をストップ

習慣 013 過去に見たものの「読み返し」で調整

習慣 014 付箋やマーキングで目を休ませる

習慣 015 最優先すべきは体力回復

スマホとの適度な距離感

毎日、オフタイムのうち30分は「スマホに触らない時間」を持つようにしてください。

スポーツや読書はもちろん、風呂や食事でもいいので、完全にスマホと処断された時間を作る。

そういう時間も持てないのであれば、通勤時間のうち「15分だけスマホ以外のものに触れる」といったことでかまいません。機内モードにしてカバンの奥にしまい込んだり、家に帰ったら玄関で充電しておいたりと、無意識に触らないような工夫をすれば、これはそれほど難しくないでしょう。

スマホを入れておく「檻（おり）」を作るのもおすすめです。

私は端末を買ったときの箱にモバイルバッテリーを入れたものを「充電できるスマホ収容ボックス」として活用しています。仕事や読書に集中したいときなど、スマホを機内モードにしてこの箱に入れ、棚に置いておけば、スマホがいっさい気に

著者お手製の「充電できるスマホ収納BOX」

ならなくなる。単純ですが効果はバッグンです。

スマホをいじっていると無限に情報が入ってきますが、同時に「何を発信するか」にも意識が奪われがちになる。こういうのべつまくなしの受信と発信をストップさせるには、端末を手放すのがいちばんです。猛獣も檻に入れてしまえば、飛びかかられる心配はありません。

情報の流れが緩やかになると頭の中が整理されます。

ちょうど机の上のごちゃごちゃを片付けると仕事が捗る(はかど)ような感じです。

いったんキレイにしても、使っているうちに机はまた散らかってくるわけですが、仕事終わりに5分でも整理整頓するようにすれば、致命的に汚くなるのは避けられる。「毎日30分のスマホ離れ」という提案は、頭を常にクリアにしておくための防衛策なのです。

また「スマホなし時間」はリフレッシュにもなります。

SNSやニュースのコメント欄などを気にしているのは、いってしまえば「常に他人の声が聞こえてくる状態」です。不特定多数の人があぁだこうだ言うのを聞くのは刺激的で楽しい一方、雑音が多すぎて疲弊しがちでもある。人間にはもっと他人の声より自分の声に耳を傾ける時間が必要なのです。

先ほど挙げた朝の散歩では、私はたまにスマホを置いていくことにしています。そして起き抜けのボンヤリ頭のまま歩いていると、けっこう役に立つ発想が湧いてくるのです。「今やってる原稿の締めはこうしよう」とか「あのメールはこんなふうに返信すれば問題ないだろう」といった具合です。

いつのまにか忘れていた締切や約束をふと思い出して、ギリギリでミスを回避できたりすることもある。おそらく瞑想のように頭を空っぽにすることで、無意識下にあることが浮上してくるんだと思います。

近頃は「デジタルデトックス」という言葉もよく耳にします。ただ、一念発起して数日間スマホと距離を置いたとしても、ひと月も経てば元通りです。それより、常にデジタルツールとの「間合い」を意識し、それを維持し続ける方が現実的ではないでしょうか。

習慣016 1日30分は「スマホなし」で

習慣018 「自分の声」に耳を傾ける時間を持つ

習慣017 スマホは「檻」で制御する

「プッシュ型情報」は要注意

情報を得るためにテレビを見るのはやめましょう。

見るなと言っているのではありません。経済ニュースでも歴史番組であろうと、テレビは基本的にすべて「娯楽」と考えるべきなのです。つまり、疲れたときの息抜きや回復手段として活用すべきものであって、メインに据えるべきではない、と。

「プッシュ型情報」は忘れやすい

情報の取り入れ方は「プル型」と「プッシュ型」の2タイプに分けるとわかりやすいでしょう。

「プル型情報」とは自分から動いて手に入れるもののことで、新聞や本などが代表。対する「プッシュ型情報」は、こちらが動かなくても向こうから来てくれるもので、テレビやSNSのタイムラインなどがあります。要するに能動的に情報を取りに行くか、受動的にキャッチするかの違いです。

活字を読むのはそれなりに労力を使うのに対し、プッシュ型情報はすごくラクです。テレビをつけっぱなしにしておくのに意志力は不要。だからどうしても現代人の生活はプッシュ型情報中心になりがちです。新聞を読みながら家事をすることはできませんが、テレビやラジオをかけながら皿洗いや掃除をするのはたやすい。それに時間を有効に使えるような気もする。

ところが、ここに大きな罠（わな）があります。プッシュ型情報というのは、ほとんど身につかないのです。

数日前に読んだ本の文章を思い返したり、その要旨を人に話したりすることはよくあるけれど、テレビニュースの場合、そんなシチュエーションはほぼありません。ラクに入るぶんすぐに抜けていく。つまり長期記憶に入らないのです。

ＮＨＫの歴史番組や海外ドキュメンタリーは私も大好きです。しかし、あの手の番組を見て、「知識がついた」というのは大きな勘違いです。ああいうのは、ある分野がとっつきやすくなるための「入門用ツール」であり、文献から知識を取り入れる前後に「補助資料」として活用すべきものなのです。

私は朝だけニュース番組を見ることにしています。ちょうど仕事を始める8時ごろ、ＢＳで国際ニュースを流しているので、20分ほど新聞や雑誌をチェックしながら、気になる話題だけチラチラ見る。朝の番組は昼や夕方の報道番組よりコンパクトにまとまっているので助かります。

専門家によれば、頭がいちばんよく働くのは起床2時間後だそうです（『脳が冴える15の習慣』／築山節）。つまり6時起きの場合、8時くらいに「ゴールデンタイム」を迎えることになります。この時間帯に動画を見たりゲームするのはかなりもったいない。5分だけ読みかけの本を開いてみるとか、1本だけ経済の解説記事を読んでみるとか、ちょっと負荷高めのコンテンツに立ち向かってみるのがいいでしょう。

いっぽう夜はどうでしょうか。

最初の約束にも書きましたが、夜は「安眠」を最優先に過ごすべきです。

不安や心配を掻き立てるようなニュースや投稿を見ないのはもちろん、悲しくなったり、イライラしたりするようなものも見ないようにする。心に波風ひとつない状態で布団に入れるように、夕方から準備しておきます。

睡眠は記憶を整理する時間だ、という説があります。つまり、その日に体験したり見聞きしたもののうち、どうでもいいことは忘れて大事なことだけを長期記憶としてしまい込み、後で引き出せるようにしておくわけです。

この説に従って、米軍ではPTSD予防策として、ショッキングな体験をした兵士には睡眠前のTVゲームを勧めているという話が、愛読誌の『ナショナル・ジオグラフィック』にありました。

夜はネットニュースやＳＮＳの情緒的な投稿にも要注意です。だれかの書き込みが炎上しているのを見て「なんだろう？」と思っても、読むのは明日にしましょう。ＳＮＳに書き込みたかったら夜中ではなく早朝にすればいいのです。テレビでさえ深夜になれば放送終了になるのに、インターネットには終わりがありません。生活サイクルやバイオリズムを乱されないよう、一人ひとりが防衛しておく必要があります。

夜は、刺激の少ないものを読んだり、家族と話をしたりして穏やかに過ごす。スマホ以前は当たり前だったことです。

どうしても世の中の動きが気になる場合は、ヤフーニュースを見るよりラジオを聞くのがおすすめです。ＮＨＫラジオのニュース番組はインターネット配信されており、スマホの公式アプリでも聞くことができます。

ただ、時事ニュースの追い過ぎは禁物です。時間と体力は有限であって、あまりニュースに関心を奪われると読むことに配分すべきエネルギーが足りなくなってしまいます。

ネット社会においては、時事ネタのチェックは禁欲的であるべきです。

習慣 019

「プッシュ型情報」に依存しない

習慣 020

脳のゴールデンタイムを活かす

習慣 021

夕方以降は心を乱すものを避ける

習慣 022

夜はネットよりラジオ

本を読む前に、
スマホとの関係性を
見直すのが大事だね

STEP 02

読む前に眺める、調べる

リビングに参考図書を

約束4で「紙と親しもう」と言ったように、何かネット検索したくなったときも「紙で調べた方がいいかどうか」を考える癖をつけましょう。

時事ワードなどはネットで調べるしかないものの、動物や虫の生態なら図鑑で見た方が体系的に知識を入れられるし、歴史上の事件なども世界史の教科書で調べた方が「流れ」が理解しやすい、といったケースはけっこうあります。

まともに本を
読んでいない私が、
「読む」なんて
ムリムリ

急いでいるときは仕方ありませんが、日ごろから、紙で調べても求めている情報が出てこないことが明らかな場合のみ、ネットに頼るようにする。日本語や外国語の辞典、自然科学の図鑑、地図帳や歴史年表といった基本的なレファレンスブックは、常に手の届く場所にそろえておくといいでしょう。

小学館や講談社から出ている子供向けの図鑑でも好奇心に応えるにはじゅうぶんです。

さらに私の場合、公共図書館や大学図書館では必ず参考文献のコーナーをチェックすることにしていて、「これは使える」というものがあれば、どんどん買い集めています。Amazonのマーケットプレイスで探せば、書店で売っていない古い本でも手に入れることができます。

調べ方に特別なものはありません。いちばん大事なことは「目的にかなう資料を選ぶ」ということです。こういった大型本は重いので、何冊も引っ張り出して50音索引から探すというのは無理がある。

そういった意味でも、なんでも載っている分冊の百科事典より『ビジュアル・ワイド江戸時代館』（小学館）や『道具と機械の本』（岩波書店）といった専門事典をそろえておく方がいいでしょう。ビジュアルブックは直感的な理解を助けてくれるので時間と労力の節約になります。また「この歴史事典なら求めている情報がありそう」と見通しを立てて、ズバリのものが出てくるとささやかな達成感も味わえます。

もし、歴史や文化に興味があるなら、図書館の参考文献コーナーや「地理歴史」と表示の出ている棚で大型の参考文献を探してみてください。

ここ20年ほどは英ドーリング・キンダースリー社の大人向け図鑑など、海外のビジュアルブックがよく翻訳出版されているので、予想もしなかったようなすばらしい本に出会えるはずです。大型レファレンスブックはあまり書店で売られていないので、図書館で探すのがセオリーです。

昆虫や動植物が好きな人は、図鑑で調べる効果がすぐ実感できるでしょう。たとえば動物をインターネット検索した場合、写真はいくらでも出てくるけれど、なかなかスケッチが出てこないのです。写真では、動物の手足の構造や草花の組織といった細かい部分までは見えません。ネコ科動物のガラの微妙な違いなど、写真ではなかなかわからない近縁種との見分け方も「絵で見れば一目瞭然（いちもくりょうぜん）」といったことも多い。そういうわけで、私はスマホで検索できても野鳥観察にはハンディサイズのイラスト図鑑を持っていきます。

また専門事典で調べた場合、予想外の情報に出会えるのもメリットです。単純に、パラパラめくって探すと目的のページ以外もざっと読むことになるし、たとえば動物図鑑には「ウマと人間との関わり」といった文化史のコラムが載っていることもある。そういった〝道草〟の積み重ねによって「この事典のこのあたりにはこういう図表がある」という具合に把握できていれば、さらに調べるスピードはアップします。

ネット検索と違って、文献調査は「成長」が実感できるのです。

習慣023 調べものは「まず紙で」

習慣024 基本的なレファレンスブックをそろえておく

習慣025 目的にかなう資料を探す

習慣026 〝道草〟を重ねてスピードアップ

相棒としての「地図帳&資料集」

「社会人の教養」として人気を集めている歴史や地理も、紙の参考資料で学んでいくのがいいでしょう。

YouTubeの解説動画を見る方がラクかもしれないけれど、ちゃんと知識を身につけたいなら紙の本で穴を埋めていく方が早い。それも「毎日コツコツと」です。

そんなわけで、本書で最初におすすめする参考文献は地図帳と歴史資料集です。

高校の授業で使っていたものと基本的に変わりませんが、内容は毎年バージョンアップされているので、新しいものを買い直した方がいいでしょう。

また、学生時代に使っていた資料集はそもそも学校が選んだものなので、自分に合っていない可能性があります。「学生時代に使っていたけどイマイチだった」という人も、書店に行って選び直してみてください。

A4やB5といった大判の地図帳は、モニタでGoogleマップを見るより「大画面」なので、一覧性がある。図版や年表が網羅されている歴史資料集と組み合わせれ

テレビのそばに地図を置こう

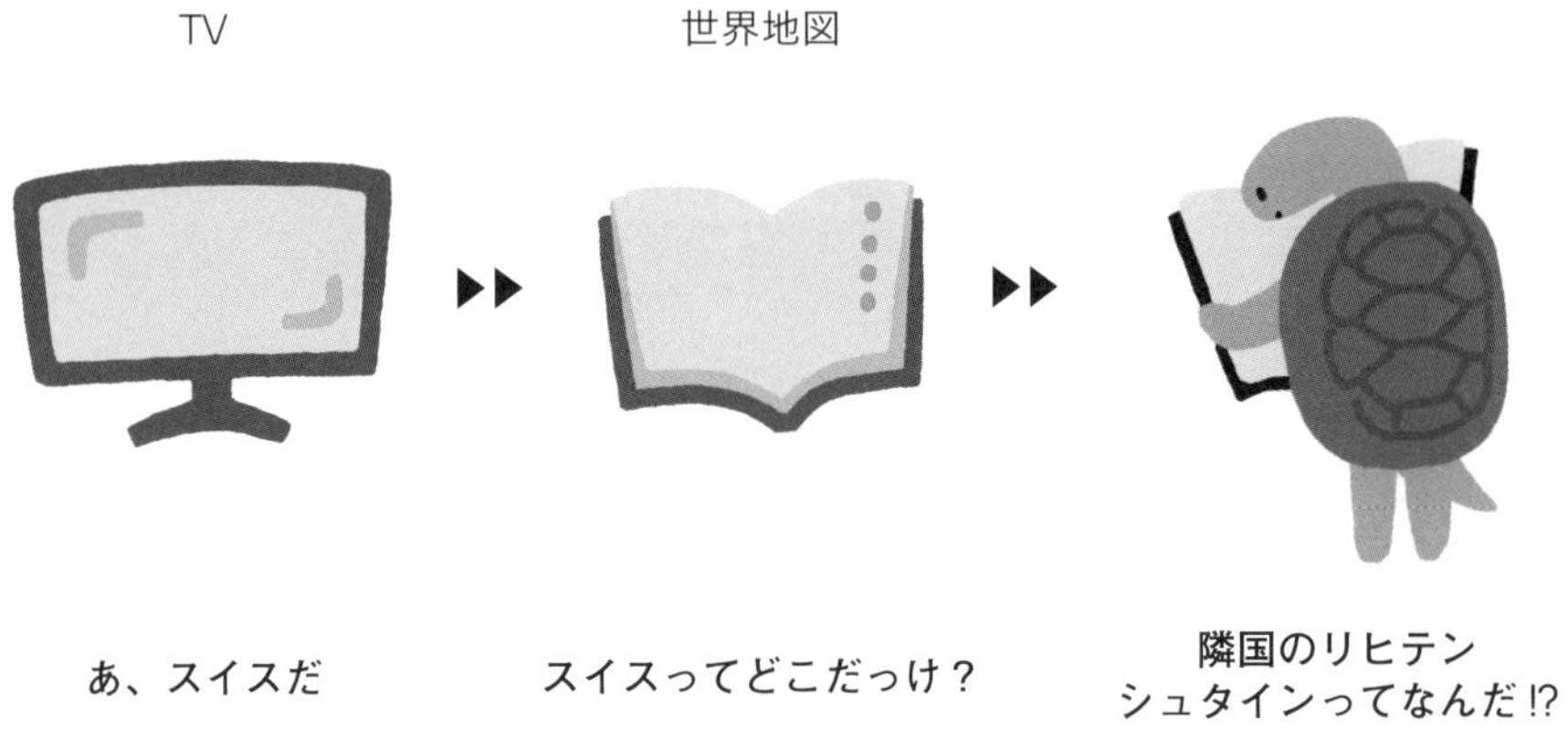
TV
世界地図
あ、スイスだ
スイスってどこだっけ？
隣国のリヒテン
シュタインってなんだ⁉

ば、ひじょうに便利な調査ツールとなります。

おすすめの活用法は、常にテレビのそばにこれらを転がしておくことです。そして、よくわかっていない国名や地名、歴史人物、世界史上の事件などに遭遇したらパラっと見て確認する。この習慣だけはぜひ身につけてください。

歴史ドラマや国際ニュース、ドキュメンタリー映画などを見ながら律儀（りちぎ）にこのチェックをやっていると、ものすごく頭に入る。好きな作品への理解も深まるから一石二鳥です。

コツは、「聞いたことがあるか」ではなく「説明できるか」を基準に確認することです。

たとえば「ダブリン」と聞いたら「アイ

ルランドの首都でしょ」ですまさずに、頭の中に地図をイメージして「アイルランド島のどのへんだっけ？」と考える。で、わからなかったら今すぐ地図帳でチェック！ です。

ついでに「ブレグジット」で話題になっている北アイルランドも見ておきましょう。『地歴高等地図』（帝国書院）なら、17世紀にクロムウェルに没収された地域やジェームズ1世によるイングランド人の入植地域、ボイン川の戦いの地点まで簡単に確認できます。

先ほど「テレビはプッシュ型情報だから知識を身につけるには向かない」と書きました。しかし、このように参考資料と組み合わせればプル型情報につながっていきます。ネット動画も同様に「学ぶためのきっかけ」として活用していけばいいのです。中東や東欧といった複雑な地域でも、地図と資料集で一つひとつ疑問をつぶしていけば徐々にわかるようになります。

「〇〇が5分でわかる」という動画を見ても3日後には何も残っていないけれど、自ら労力を注いで学んだことは簡単には忘れません。

忘れそうになったことは振り返って確認したり、ニュースがあればいちおうチェックしておいたり、とメンテナンスとアップデートをしていけば一生ものの知識になります。

私の場合、地図帳は『ワイドアトラス世界地図帳』(平凡社)、『新コンパクト地図帳』(二宮書店)の3冊を使い分けています。『ワイドアトラス世界地図帳』はB4サイズ(新聞の1ページを半分に折った大きさ)でひじょうに見やすいものの、カバンに入らないので自宅専用。

『地歴高等地図』は、現代の地図だけでなく歴史上の旧都市や遺跡も載っているパーフェクトな歴史地図帳ですが、こちらも持ち運びにはやや大きいので、スキャンしたPDFデータをMacBookに入れています。A5サイズの『新コンパクト地図帳』は日ごろから持ち歩いて、旅行や出張にも持っていく。どれも食事を抜いてでも買うべき地図帳と言えます。

歴史資料集は『ニューステージ世界史詳覧』(浜島書店)にトドメを刺します。これは難関校の受験対策として使われている情報の詰まった世界史便覧で、この分野では最強です。調べものだけでなく、読みものとしても楽しめます。

この3冊で、現代地理・歴史地図・総合年表・テーマ史などは、ほとんどカバーできる。たとえるなら家の中におなじみの池上彰氏がいて、いつでも解説してくれるような感じでしょうか。

習慣027 テレビのお供に「地図帳&資料集」

習慣028 「聞いたことがあるか」より「説明できるか」

習慣029 自宅用にワイドな地図帳

習慣030 外出用にハンディな地図帳

習慣031 難関校用の歴史資料集を活用

気晴らしになる自然科学

テレビの前が地理歴史なら、ダイニングや寝室には動物や昆虫、天体など、自然科学の参考資料を置いておきましょう。

「知らないことが出てきたら必ず調べる」のが基本ですが、窓から星が見える日には星座の名前を調べ、ビルの屋上にカラスが群れていたら鳥の図鑑にカラスの生態についてどんな説明があるかチェックしたりするのもいいでしょう。この習慣は特に小さい子がいる家庭におすすめです。

NHKの「子ども科学電話相談」のように、生物や科学に関する子供の疑問には、ビジュアル資料をうまく使って説明してあげてください。自分の学習にもなります。

私は文学部出身なので、自然科学の調査については、あまり皆さんの参考になるようなことは言えそうにありません。とはいうものの、興味はあまり特定の分野に偏り過ぎない方がいいとは思っています。

好奇心は使えば使うほど広がるものであって、使わないと衰える。あまり文系や理系といった分け方にこだわると、学習の幅はどんどん狭くなってしまいます。

レオナルド・ダ・ヴィンチは、川の流れの観察から生物の血管に通じる法則性を見い出し、その発見を人物スケッチに活かしたと言われています。しかも彼にとって絵画は本業ではなかった(履歴書には「軍事技術者」と書いていたらしい)。彼のような天才を引き合いに出すのはおこがましいけれど、私はこういった枠にとらわれない学習こそが理想だと思っています。

広く深い好奇心を養うために、私のような文系タイプの人は意識的に自然科学に触れていく必要があります。さほど興味を感じないことでも、調べているうちにおもしろくなったりするものです。

たとえば、休日の午後や寝る前に、動物図鑑をパラパラめくってみる、といった具合です。イルカの種の見分け方を学んでもとくに役に立つことはないものの、なかなかいいリラックスタイムになります。動植物や宇宙のビジュアルブックは、日常生活の喧騒(けんそう)から距離をとって気を休めるためのツールになってくれるのです。

私は疲れたときは落語を聞きに行くことにしていますが、目前の課題と直接関わりのない世界に浸(ひた)ることには精神を休める効果があります。

また、やや自然科学とはズレるけれど、食卓の近くに食に関する本を置いておくのもおすすめです。

食材図鑑の中にはハンディな文庫サイズのものもある上、食文化の本は人気があるので選択肢が多いのも魅力です。野菜図鑑、食用魚の図鑑、スパイス図鑑、ドーナツの図鑑というふうに、あらゆる食のジャンルにビジュアルブックが出ています。

レシピ本になるとさらに膨大な数があります。近年はフランス料理研究家による調理科学のビジュアル本など、ジャンルをクロスオーバーする本も増えてきました。

キッチンや食卓での「読み方」は、体験と知識を〝相互参照〟することで強化学習できるのが強みです。夕食に食べた魚を図鑑でチェックして「へー、すごくおいしいと思ったら今が旬なんだ」というのもひとつの発見と言えるでしょう。

10年ほど前、大学の社会人講座に通っていたころ、ある図書館学の先生が「最高の学習は試行錯誤だ」と語っていました。本を読んで「正解」を手に入れるのではなく、自分で仮説を立てていろいろ試して、失敗を重ねながらゆっくりと正解に近づいていく。これこそが本来の「学び」だというわけです。

習慣 032 リビングに「自然科学の本」

習慣 033 野鳥や星の名前を調べる

習慣 034 図鑑をめくって精神を休める

習慣 035 ダイニングやキッチンに「食」の本

無理に「読もう」とせず、
眺める機会を増やせば、
知識はどんどん
増えていくね

STEP 03

ネット検索と端末の正しい活用法

いきなりググるな

ネット検索で大事な習慣は、なるべくGoogle（グーグル）を使わないことです。

紙の事典を使い分けるのと同じように、検索ワードはなんでもグーグルではなく、もっとも適した専門サイトに入力するようにします。どうでもいい情報に時間と労力を奪われないための自衛策です。

ウェブの情報なんて
どれも当てに
ならないんじゃ
ないの?

グーグルの検索結果はかつて、重要度順でした。学術論文が引用された回数をベースとした指標「インパクトファクター」で評価されるように、よくリンクされているサイトが「ユーザーの役に立つサイト」として上位に表示されていたのです。

ところが、2000年代後半からグーグルは「パーソナライズ検索」といって検索結果をユーザーのプロフィールや位置情報、過去の検索履歴に合わせて表示させるように変更。その結果、検索結果の上位はほとんど広告になってしまいました。「ラーメン」と検索すると近所の店が表示されるくらいならいいけれど、「柱」の検索結果が『鬼滅の刃』のキャラだらけになってしまっては、もはや実用に耐えません。

では、グーグルがダメなら何を使うか。

大本命は「コトバンク」です。

コトバンクは出版社の発行する百科事典や現代用語事典、人名事典、外国語辞書などを横断検索できる検索サイトです。信頼性の高い出版物ベースの資料を使っているから、時事ワードに弱いかと思えばそうでもない。

2021年には、就任1年目のジョー・バイデン大統領もしっかり「アメリカ合衆国第46代大統領」と出てきました。「米国副大統領」や「米国上院議員」として載っている辞書にもヒットしますけれど。

意外となんでもヒットするのがコトバンクのいいところです。基本的に辞書と百科事典なので、言葉の説明ばかりかと思いきや、年表などの資料もたくさんある。たとえば「中国　年表」で検索すると、秦や漢から明、清まで歴代王朝の年表がズラリと出てきます。有志の人がネット上で公開しているものは間違いが多いので、出版社のクレジットが付いている年表はかなり助かる。

ウィキペディアでも歴史の調べものはできるものの、記事が全体的に長ったらしくて散漫なので、私はコトバンク派です。それにコトバンクの場合、複数の辞書を横断した検索結果が表示されるため、辞書同士の「突き合わせ」によって似た名前の人物を混同したりといったミスを避けることができる。なお、コトバンクはスマホ用の公式アプリもあります。

ほかにも活用したい専門サイトはたくさんあります。

語学では「weblio辞書」。時事テーマや社会問題、国際問題などで、最新の知識をキャッチアップしたいときは「NHK解説委員室」のアーカイブを検索します。

これはNHKの放送を文字起こししたサイトで、2018年以降のニュース解説が無料で読める。「ミャンマー」で検索すればこれまでの民主化運動の展開をざっと振り返ることができ、「国会」で検索すれば、今、与野党が議論しているテーマに追いつくことができます。

新聞の過去記事を検索したいときは、新聞社のウェブサイトを使います。朝日新聞の「知恵蔵」や日経新聞の「日経テレコン」など、新聞社のデータベースはけっこう使用料金が高いなかで、穴場といえるのが「毎日新聞デジタル」です。

毎日新聞は五大全国紙で唯一、デジタル版の購読者（有料契約者）に過去5年分の記事検索を提供しています。毎月1000円程度で、ニュースと簡易版データベースが手に入るのはけっこう破格です。

調べられる分野は限られるものの、専門アーカイブサイトも使えます。

とくに日本の近現代史なら「中高生のための幕末・明治の日本の歴史事典」や「国会図書館デジタルコレクション」で一度は検索してみましょう。両者とも国会図書館が運営するアーカイブサイトです。前者は幕末・明治の歴史を楽しく学べるオンラインミュージアムで、後者はウェブ公開の資料ならそのまま読んだり、PDFをダウンロードしたりもできるオンライン図書館。私は2012年、福沢諭吉の『学問のすすめ』を現代語訳したとき、このサイトにあった初版を底本にしました。

第二次世界大戦の記録なら、NHKの「NHK戦争証言アーカイブス」が入門用におすすめです。ここでは名作との呼び声も高い1995年放送のNHKスペシャル「ドキュメント太平洋戦争」が無料公開中。通しで見ておくと日中戦争や太平洋戦争を扱った本が頭に入りやすくなります。

ほかにも先の大戦のアーカイブでは、中国新聞の「ヒロシマ平和メディアセンター」、読売新聞の「検証 戦争責任」、米国ホロコースト記念博物館の「ホロコースト百科事典」など、読みきれないほどの資料や映像があります。

調べものに限らず、博物館や歴史資料館に行くような感覚で見に行ってもいいでしょう。

習慣 036 **とりあえずの「コトバンク」**

習慣 037 **デジタル購読で新聞データベースを使う**

習慣 038 **時事テーマは「ＮＨＫ解説委員室」**

習慣 039 **ｗｅｂアーカイブも活用する**

意外とすごい「アマゾン検索」

さらに、専門サイトに続いて使いこなしたいのが「amazon（アマゾン）検索」です。ふだんグーグルで「××とは」と検索したり、ウィキペディア検索したりしているような「漠然とした興味」はアマゾンで検索してみてください。読みたい本に出会える確率がアップし、読み方も広がるきっかけになります。

アマゾンの検索アルゴリズムはよくできていて、本のタイトルに検索ワードがまったく含まれていなくても、テーマに関連する書を提示してくれます。

たとえば「ブレグジット」で検索すると、英国のEU離脱を扱った時事ネタの本、EUの仕組みや欧州の政治問題などをテーマにした専門書、オルテガ・イ・ガゼットの『大衆の反逆』（1930年刊行の古典的名作）までヒットする。図書館のオンライン目録（検索用の端末）にはマネのできない芸当です。

興味を持った人名や会社名、歴史上の事件などは、アマゾンの検索窓に放り込む。そしてヒットした本のうち「これは」という本があれば「ほしい物リスト」に追加していきます。

私は先日、出張で浅草に泊まっていたとき、神社の境内で猿まわしをやっているのを見ました。とても興味を惹かれたので猿まわしの伝統や文化についてネット検索したくなる――。と、こういうときこそアマゾン検索の出番です。

「この芸がいつどう生まれて、どのように発展してきたのか」といった歴史が知りたい場合は、アマゾンで「猿まわし」を検索。「なぜ猿はこんな芸ができるのか、チンパンジーではダメなのか」というふうに動物の生態に関心を持った場合は同様に、アマゾンで「ニホンザル」で検索します。

こうして検索結果に出てきた本の内容紹介を読むだけでも、知りたいことは大まかにわかります。

さらに2、3冊の本を「ほしい物リスト」に入れておけば、書店に行ったとき「そういえば猿まわしの本を読みたかったんだった」と思い出して、該当する棚を見に行ったり、図書館で読みたい本を予約するときに追加したりといったことができます。

パッと見て終わりのグーグル検索と違って、アマゾン検索は具体的な行動につながるのです。

グーグルなら5分で済む検索結果の参照を、わざわざ本を入手して読むことにつなげるのは迂遠（うえん）に思えるかもしれません。しかし、検索結果をざっと見てしまったら「へぇー」で終わって何も残らない。たとえ読むのは数年後になるかもしれないし、死ぬまで読まない可能性があっても「興味を感じた本」に出会い、手に取る可能性に賭けた方がいいと思うのです。

1000の検索結果を見るよりも1冊の本を読んだ方が、長い目で見て効率的なのではないでしょうか。せっかく好奇心が芽生えたなら、すぐ摘むより大きくなるまで育ててみるようにしましょう。

習慣 040
「漠然とした興味」もアマゾンで検索

習慣 041
時事ワードで意外な本も

習慣 042
「ほしい物リスト」で好奇心を育てる

ウェブサイトは、可能な限りパソコンで

ネットと付き合う大前提として、ウェブサイトはスマホではなくパソコンで見るようにしましょう。

外出時は仕方ないけれど、会社のデスクや家ではスマホは使わず、ニュースやSNSもパソコンのブラウザ上でチェックする。たったこれだけのことで「ネット消耗」に陥らずに済みます。

スマホには便利な専用アプリがあって、TwitterやFacebookのタイムラインや自分の書き込みへの反響、トレンドワードまでサクサク見ることができます。しかし、これが便利すぎるというべきか、見はじめるとキリがないのですね。

私も以前はSNSのチェックに専用アプリを使っていたのですが、つい見すぎてしまうのでアンインストールしました。

なお私は自治体や企業の報道発表や、趣味のブログなどの更新はRSSリーダーでチェックしています。RSSは「プル型情報」なので主体性を持てる上、余計な

ものが目につかないぶん時間の節約になる。ＳＮＳのタイムラインでニュースを見るのが主流になった現在、ＲＳＳはすっかり廃(すた)れてしまったけれど、使い分ける価値は充分あります。

パソコンを持ち出すのはちょっと手間なものの、いったん開いてしまえば「処理」は速い。天気予報や地図をパッと見るだけならスマホの方が速いけれど、そこから雨雲の動きをチェックしたりお店のメニューを調べたりする場合は、パソコンの大画面でやる方が、効率がいいのです。

検索でもパソコンのブラウザ上の方が早く目的の情報にたどり着けるのはいうまでもないでしょう。「急がば回れ」です。

また、パソコンならＰＤＦデータの閲覧もラクです。企業や自治体の報道発表や政府や公的機関の統計資料など、ＰＤＦ形式で配布されているものは意外と多い。大学のレポート試験がスマホだけでクリアできない理由がこれです。

いっぽう、面倒であることが逆に恩恵をもたらすケースもあります。たとえばパソコンの場合、就寝前にＳＮＳをチェックしたくなっても億劫(おっくう)だから「明日でいいか」となる。布団の中にスマホを持ち込んでダラダラ見る、といった悪習に陥らず

RSS情報が届く仕組み

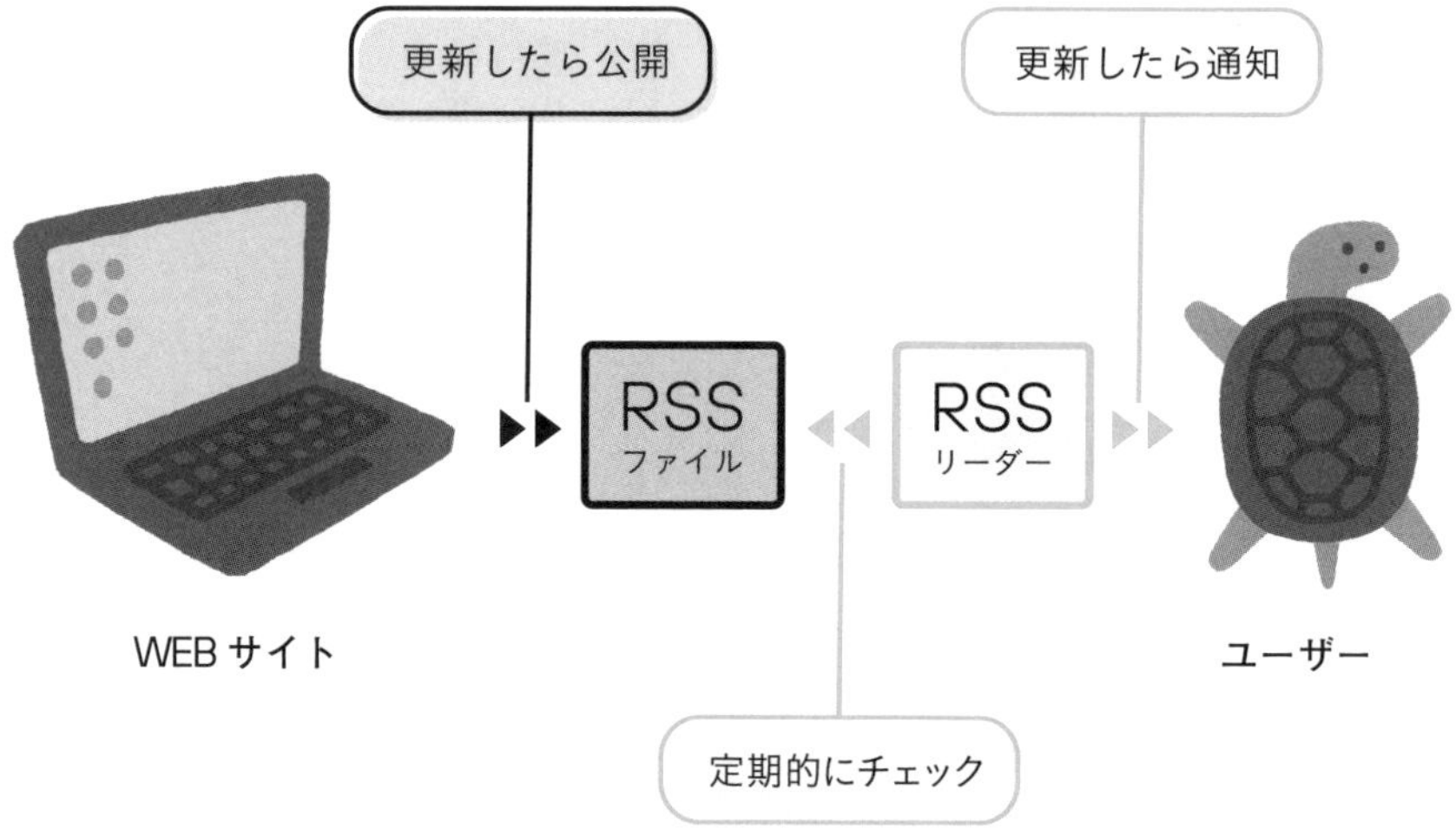

にすむわけです。すぐ検索しないと忘れてしまうのが心配な人は、メモを書いておけばいいでしょう。

私はよく「ノイズキャンセリングのイヤホンを探す」とか、検索ワードのメモを机に置いて寝るのですが、翌朝あらためて見ると「べつにいらないか」と思うことも多い。こういう経験を重ねると、必ずしも「すぐに検索」がいいわけではないことがわかります。私たちはふだん検索しなくてもいいようなことをたくさんググって、時間を浪費しているのでしょう。

「アテンションエコノミー（関心経済）」という言葉があります。米国の社会学者・M＝ゴールドハーバーが提唱している考え方で「人々の関心や注目の度合いが経済的価値を持つという概念」（小学館『デジタル大辞泉』より）。情報そのものの価値より「いかに人の目を引くか」を追求するようになったインターネット社会を象徴する言葉ですが、スマホ時代はこれにどうしようもなく拍車がかかっています。

つまり、ニュースやSNS、ゲームなどのスマホアプリの運営会社は、競争に勝つためにあらゆる手練手管（てれんてくだ）を使ってユーザーの注意を引こうとしている。スマホがしょっちゅう鳴るせいで仕事や読書に集中できなくなろうと、目の前の人々とコミュニケーションする時間が無くなろうと、IT企業の知ったことではありません。

私もスマホに依存しています。触らない日は1日もありません。その悪魔的な魅力をよくわかっているからこそ、工夫して間合いを取る必要性があるのです。

習慣 043
SNSの専用アプリはやめる

習慣 044
パソコンでPDFも快適に

習慣 045
ネット検索の代わりにメモを

ＳＮＳで消耗しないために

自宅やオフィスでネットを見るとき、パソコンを使うのはわかった。では、スマホとはどのように付き合えばいいのか。

最低限やっておいてほしいのは、「プッシュ通知」をすべてＯＦＦにしておくことです。

画面の上の方に出てくるポップアップ通知、ロック画面にフロー表示される通知、ランプ点灯による通知など、あらゆる通知を設定メニューから「許可しない」にしておく。

最近のスマホには「おやすみモード」といって、就寝時などにあらゆる通知を一時的にＯＦＦにする機能があるので、設定変更が面倒な人はこの機能をずっとＯＮにしておくのもいいでしょう。

この設定をするとスマホは、勝手に鳴ったり光ったりしなくなる。何か読んでいるとき、スマホでいったん気が散ってしまって、再び目の前のテキストに集中するといった余計なエネルギーを使わずに済みます。

そんなことをしたら、大事なメッセージがチェックできなくなるのでは？ と思うかもしれませんが、心配ありません。だれでも1日に数回はスマホで地図を見たりニュースをチェックしたりしているので、新着メッセージはそのとき自然と気づくことになります。

仕事に集中しているときにスマホの通知音が鳴って、イラつきながらメッセージを返すより、ゆとりのあるタイミングで読んで返信する方が人間らしいコミュニケーションができるでしょう。

パソコンにも同じことが言えます。メーカーは何かと画面に通知を出したがるものの、こんなのに付き合わされては何もできない。スマホと同様にあらゆる通知はOFFにしておきます。

たとえば私のMacBookは、常に「おやすみモード」で時計も非表示です。仕事中に時計が目に入ると「もう1時間もやっているのか」とか「あと30分で休憩にしよう」とか、つい余計なことを考えてしまうからです。メールはスマホと同様に、自分のタイミングで確認すればいい。

通知と言えば、SNSを見すぎるのもやめた方がいいと思います。「1日15分だけ」とか、時間を区切ってやれば問題ないのですが、投稿にコメントしたり、さらにその返信をチェックしたり……とやり取りを始めると、どんどん時間とエネルギーが浪費されてしまいます。

もちろん交際は社会の基本だし、コミュニケーションは文化的な生活の基盤となる。それはわかるけれど、さすがに毎日何時間もしなくてもいいだろう、というのが私の意見です。1日が50時間あるならいいけれど、1日は24時間で人生は有限である以上、優先順位をつけざるを得ません。

とはいえ、頭を捻る仕事と気楽にできるSNSが目の前にあれば、後者を選んでしまうのが人間です。私も現実逃避のため、TwitterやFacebookに膨大な時間を注いできました。しかし残念なことに、いっときの苦痛から逃れる以外の意味はなかった……。

「人脈が広がる」とか「PRになる」とか、いろいろ効能をうたう人はいるけれど、やはりSNSは基本的に娯楽やヒマ潰しであり、だからこそすばらしいのです。

SNS中毒からの脱出法は意外と簡単です。「仕事が忙しいのに、つい見てしまう……」といったとき、私はいつも次のような方法でSNS断ちをしています。

「SNS封印」の方法

①まずパスワード生成サイトで10文字前後のランダムな文字列を作り、メモ用紙に

書き写す

②いつも使っているSNSアカウントにログインし、パスワードを①で作ったものに変更する

③この際、表示される「新しいパスワードを記憶しますか?」といった提案はすべて拒否する

④各アカウントからログアウト。パスワードを書いた紙は大切に保管しておく

これで、メモを見てパスワードを参照しない限りSNSにログインできないようになりました。

私はこのメモを折り畳んでコルクボードにピン留めしています。「ついメモを開いてログインしてしまう」という人は郵便受けに入れておくとか、家族に保管しておいてもらうとか、もっとハードルを高くしておきましょう。

これをやるとしばらくは「ああ、この話題をツイートしたいのに!」といった具合に、禁断症状が現れます。でも、1週間くらい経つとどうでもよくなる。

SNSを再開してから、また距離を置きたくなった場合は、また①からの手順に従えば何度でもログアウト状態を維持することができます。私はもう10回くらいこの方式でSNSアカウントを〝冬眠〟させていますが、パスワードがわからなくなったことは一度もありません。

転記ミスに備えて、「パスワードを入力してから紙に書く」のではなく「紙に書いてからパスワードを入力する」のが鉄則です。

SNSに費やす時間と労力をカットできれば、読むための意志力や集中力を温存できる。そうして養った英気は、解説記事や学術書、統計資料など、負荷の高いコンテンツに立ち向かうときにこそ使うべきなのです。

習慣046 プッシュ通知はすべてOFFに

習慣047 昼間こそ「おやすみモード」を活用する

習慣048 最終手段の「SNS封印」

「専用機」を活用しよう

ニュースをずっとチェックしてしまったりSNSの通知に振り回されたりといった「スマホ消耗」。これを予防するために「専用機」を使うのもおすすめです。スマホやPCといったなんでもできる端末に対する「単機能デバイス」のことを私はこう呼んでいます。

代表例は、受験生が使っているような電子辞書です。

わが家ではスマホもタブレットもいくつかあるのに、机の上には常にカシオの電子辞書「エクスワード」が置いてあります。「満州事変の流れを確認したい」といったことならネット検索するけれど、「満州」といった用語を調べるだけなら電子辞書の方が速くて正確です。物事を調べる「事典」がネットなら、エクスワードは「辞典」といった使い分けです。

もちろん英単語をチェックしたいときなどは断然、電子辞書の方が早い。ネットワークにつながっていないのは弱点のように見えるものの、「絞り込みが不要」という大きな利点があるのです。

もうひとつ、フル活用している専用端末に「mp3プレーヤー」があります。ひょっとしたら若い人はもう知らないかもしれませんけれど、本体やメモリーカードに保存したmp3形式のデータを再生するものです。

音声ファイルを聞くための
mp3プレイヤー

今でもソニーのウォークマンが売られていますが、あのような高機能モデルでなければ、３０００円くらいから手に入ります。私はアマゾンで１００円ライターくらいの大きさの中国製ｍｐ３プレーヤーを買って、もう５年ほど使っています。「ｍｐ３データの再生」以外には何もできないけれど、ブルートゥース機能でワイヤレスイヤホンや無線スピーカーにも接続できる。スマホより手軽で気に入っています。

私はこれを音楽再生ではなく、主に「音声コンテンツを聴くための端末」として使っています。ラジオ番組の録音データのほか、ダウンロード購入したオーディオブック、リスニング用の英語教材、それに『アナウンサーが読む聞く教科書　山川詳説世界史』（山川出版社）などの音声データ付きの書籍で手に入れたものです。

またネット動画を「音声化」して聞くこともあります。たとえばｗｅｂ上には大学の公開講座をはじめ、専門家による時事ニュースや国際問題の解説など、さまざまな解説や講義の動画が公開されています。このうち「これはすごい」と思ったものは、利用規約に触れない範囲で音声データに変換し、移動中などに聴く。自家製のオーディオブックのようなものです。

数年前からコツコツ集め続けてきたおかげで、音声データは今やちょっとした本棚レベルになりました。メモリーカードには歴史・哲学・社会学・経済学・民俗学・現代政治・時事問題・語学など、あらゆる分野の講義や解説が入っているので、旅行や出張でたくさんの本を持ち歩けないときに助かります。

当然ながら音声データは「音だけ」なので、地図を見せながら語るような講義には向いていません。しかし、いったん動画サイトですべて見ておけば「こういうレジュメだった」「ここはあの地図をスライド上映している」といった具合に〝土地勘〟ができるので、音声だけでも充分に理解できます。それでもわからなければ再び元の動画を見ればいいのです。

朝の通勤電車で新聞のパレスチナ問題の記事を読み、駅に着いたらｍｐ3プレイヤーで、ＮＨＫラジオの録音データ、「カルチャーラジオ　聖地エルサレムの歴史」を歩きながら聞き直す。このような「復習」がどこでもできることは、知識を定着させる上で大きなプラスになります。さらに地図帳や電子辞書を使って、地名や人名のチェックもしておけば完璧です。

習慣 049 電子辞書で「ちょっと確認」

習慣 050 mp3プレーヤーで「読む」

習慣 051 ネット動画も音声コンテンツ化

習慣 052 気になったら「聞いて復習」

第2章

「収集」の習慣
――新たな視点を得るための背伸び

「読む」準備も最終段階。
「何をどんな視点で選べばいいか」、
ちょっとしたコツを知っておくと、
ちゃんと読むハードルがグッと下がります。
そして、次から次へと読みたいものが
目の前に飛び込んでくるようになるでしょう。

STEP 01

定期刊行物へのアプローチ

「紙の新聞」は週イチでOK

週に一度だけ、コンビニや駅の売店で新聞を買いましょう。

これこそ紙を持ち歩いて〝付き合い方〟を体得するのに、いちばんいい方法です。

とくに活字の本を読むのがしんどいという人には、強く勧めます。紙の新聞は「読む基礎体力」を養うための理想的なトレーニング器具なので、購読していなくても、週に一度は買って目を通すようにしましょう。

毎朝チェックするのではなく、第1章で触れたように、スキマ時間でちょこちょこ読んで、負荷の高いテキストも読みこなせる力を養っていきます。

おすすめは週末です。平日の紙面と比べて、事件・事故などのニュースや官公庁や企業の「発表もの」が少なく、特集や解説、作家の寄稿、有識者や専門記者のオピニオン、インタビューなど深く掘り下げた記事が多い。つまり「じっくり読ませる記事」のウェイトが高くて、読み応えがあります。

また解説記事も多いので、時事テーマに疎(うと)い人でも安心です。土曜日や日曜日の新聞を1週間かけて味わい尽くすようにしましょう。

私は毎週土曜日、コンビニで毎日新聞を買っています。デジタル版を定期購読しているので買わなくても読めるのですが、あえて紙バージョンを入手する。書評や解説、オピニオンといった長い記事は、紙で読んだ方が頭に入るからです。

これまでの経験からいえば、4段以上になる記事は明らかに紙の方が読みやすい。新聞記事というのはだいたい縦長の長方形に収まるようにレイアウトされているので、記事の長さは段数で判断するといいでしょう。

週末に買った新聞は、1週間を目安に読み切るようにしてください。なるべく食わず嫌いはしないように、興味のない記事でもざっと目を通しておきます。書籍よりも読みはじめや中断、復帰にかかる負荷が低いので、読みやすいものから攻略していけば順調に消化できるでしょう。

金曜日の夜にはすべて読んでしまい「手持ちゼロで土曜の朝になる」といったスケジュールが理想です。

つまり、日刊紙をむりやり週刊紙にしてしまうわけです。

新聞を毎日しっかり読むのは私のような自由業でも厳しい。だからといってたまらないようにすると結果的に「読み飛ばし」ばかりになってしまって、力がつかない。やたらと忙しい上に、身にならないのです。

あと、日々のストレートニュースにどこまで付き合うかも考え直してみるべきでしょう。事件や事故、会見、政局、株式相場の話を毎日追う必要があるのか。実際、新聞社の中では、こういったものは通信社に任せて調査報道やオピニオン、わかりやすい解説記事などに力を注ぐべきだという議論があるくらいです。

また「コンビニ買い」は、購読する新聞をコロコロ変えられるのも魅力です。論調が合わないと感じたら、朝日から読売に変えてもいいし、たまには地元紙を買ったり、出張のついでに地方紙を買うのもいい。

ふだん読売や日経を読んでいるなら、たまには毎日や東京新聞など、ややマイナー系の新聞をのぞいてみるのもおもしろいでしょう。

ほかにも、シーズン中はごひいき球団の記事が多い××新聞を買う、将棋が趣味ならタイトル戦中は主催者の△△新聞を買う、とか週イチの新聞購読はいろいろ工夫して楽しむことができます。


もし読み慣れていなかったり、忙しくて「読み残し」が積み上がってしまったりする場合には、あきらめるのではなく「2週間に1回」「月に1回だけ」というふうに調節して一定のペースで続けてみてください。これが習慣化のカギです。

リベラルや保守といった新聞の論調は気にしなくていいでしょう。読む力をつける上では、内容どうこうより「整ったテキストに身をさらすこと」に意味があるからです。ネット社会の今、何の変哲もない「明文」にふれる機会は逆に貴重なのかもしれません。

もし社説や論説記事が自分の考えに合う新聞を選びたい場合は、元旦に全国紙をぜんぶ買って比較してみてください。私は毎年これをやっていますが、トップ記事や社説に各紙の論調や編集方針が現れていて、なかなか参考になります。

習慣053 新聞をトレーニング器具に

習慣054 長い記事は「紙」で負荷を下げる

習慣055 解説・論説・オピニオンにも適応

習慣056 購読紙はコロコロ変える

土曜日からの「日経入門」

「新聞は理想的なトレーニング器具」といったものの、なかには手ごわい新聞もあります。ご存じ日経新聞です。

正直、私も苦手です。

まず活字のポイント(大きさ)が小さい上にページ数も多いから情報量がすごい。

しかも企業の業績や株式相場などの経済ニュースが中心だからひじょうにとっつき

土曜日の日経は一味違う？

にくい。数字に弱い人間にはとくに。とはいうものの、一般紙にはない視点や分析、調査報道なども豊富なので、情報ソースとしてぜひチェックしておきたいものであるのは間違いない。

そんな手強い日経に立ち向かう攻略法は、土曜日に買うことです。先ほど紹介したように、紙で買って1週間かけて読みます。過去には紙面レイアウトの「日経電子版」を読んでいた時期もあったのですが、結局このスタイルに落ち着きました。

理由は単純で、土曜の日経がいちばん読みやすいからです。先ほど述べたように、週末はストレートニュースが少ないので、解説記事や有識者による寄稿が多くなる。そのぶん長い記事が多い気はするけれど、無味乾燥な決算報告の記事などを読むよりはマシです。

また紙面の大半を使った論述系の記事は、『文藝春秋』や『中央公論』などのオピニオン誌や、時事テーマを扱った新書などを読みこなすための登竜門と言えます。

さらに文化系の記事が載っているのも高ポイントです。

土曜の日経には3ページの書評があり、最終面（一般紙のテレビ欄に当たるところ）には、純文学や美術、演劇といったハイカルチャー分野の寄稿がよく出ている。また日経の書評は、書籍の概略や要旨を伝えることにウェイトが置かれている点で、「評論」より「紹介文」に近い。数分で読める長さで、効率よく本の内容をチェックすることができるのです。

前述の通り、私は毎日新聞の書評も愛読しています。毎日の書評は文章のクオリティーが高く読み応えもあるものの、日経と比べて全体的に長い。中身も評者のカラーが色濃く出た作家性の強いもので、読むのにエネルギーが要ります。

対して、日経の書評は、それほど〝うるさ型〟ではない人が気になる本を探したり、どういう本が注目されているのかチェックしたりするのにちょうどいい。

要するに、毎日が「こってり」なら日経は「あっさり」です。

ちなみに全国紙の書評は、基本的に土曜で、読売だけが日曜となっています

（2023年3月現在）。各紙で取り上げられた書籍のリストは「全国書店ネットワーク」などのウェブサイトに掲載されているので、これを頼りに自分の好みに合う新聞を選んでみるのもいいでしょう。

日経の書評は疲れていても気軽に読めるし、経済学のコラムや国際経済の記事は「わからなくてもOK」というスタンスで読めば、脳の可動域を広げるストレッチになります。

また、土曜の日経には「日経プラスワン」という別刷り特集が付くのでおトク感もある。こちらは「お取り寄せグルメランキング」など、小学生でも読めるエンタメ系紙面なので、家族と一緒に楽しめます。

とはいえ、やはり日経の真骨頂（しんこっちょう）は業界のシェア争いや企業の業績見通しの記事であり、これこそ一般紙にはない醍醐（だいご）味です。

私はこういう記事はピンとこないのですが、知人の学校教員は「日経は一般紙のように〝角度〟を付けないから、フラットな視点で世の中を見るにはいちばんいい」と言っていました。土曜日の文化面や柔らかい話題を突破口にして、こういった硬質な記事を読みこなしていくのがセオリーだと思います。

「社会人なら日経くらい読んでおけ」と言われたことがある人は多いでしょう。しかし、私の知る限り毎日ちゃんと読めている人は意外に少ない。「日経の読み方」といった本に頼るのもひとつの手ですが、日経だけのために、そこまでやらねばならないのかという気もする。それより「土曜日だけ買ってみよう」とチャレンジして、徐々に目を慣らしていく方がいいのではないでしょうか。

習慣057 土曜日は日経新聞を買う

習慣058 長文の経済時評に目を慣らす

習慣059 全国紙の書評を使い分ける

電子版で自由度アップ

新聞の電子版は世間ではまだマイナーですが、もっと活用されてもいいサービスだと思います。

電子版の利点といえば、「郵便受けに取りに行かなくていい」「どこにいてもスマホで読める」「古紙回収が不要」といったことが挙がります。しかし、私は最大の利点は「購読スタイルの自由さ」だと考えています。

たとえば、家族旅行に行くときに販売所に電話して配達を止めるといった手間がない。また仕事が忙しい時期は購読契約をいったんストップするといったことも24時間、ネット上で簡単にできます。「朝日新聞をやめて日経新聞にする」といった購読紙の変更も簡単で、しかも何度でも繰り返せる。

また、新聞社によっては「紙面レイアウトで読めるコース」と「ウェブ上で読めるコース」の料金プランを分けているところもあります。

私は少しでも「求めているものと違うな」と感じたら、コロコロ変えることにしています。紙の新聞契約のように「契約したから3カ月は読まなくちゃ」「購読をやめたら販売所が気の毒だな」といったことがないから、気楽なものです。

さらに「自由な購読」の極めつけと言えるのが地方紙です。北海道に住んでいる人が沖縄タイムスを読んだり、アメリカに住んでいる人が熊本日日新聞を紙面レイアウトで読める。

新卒で働き始めたころ、図書館で数日遅れて届く地方紙をチェックしていた時代を思い出すと夢のようです。ただし、新聞社によっては、電子版は「紙の購読者のためのオプションサービス」だったり、遠隔地では契約できなかったりするので注意しましょう。

いっぽう全国紙は2023年3月現在、読売新聞以外は「電子版だけの購読」が可能です（読売は「紙の購読者限定」で電子版を配信している）。

電子版なら地方紙が選び放題！　というわけで大阪在住の私は、東京新聞を購読しています。

単純に「全国紙ではやらないこと」を追求している紙面はユニークでおもしろい。また、博物館や美術館、記念館などのイベント情報、話題のお店や地域活動などをチェックしておけば、東京出張で時間が余りそうなときに役立ちます。購読料も全国紙に比べると少し安いので、朝日や日経といったメジャー紙と併読してもいいかもしれません。

東京新聞を電子購読すると、過去5年分のデータベース検索が使えます。第1章で触れた毎日新聞の過去記事検索とほぼ同様のサービスですけれど、紙面レイアウトで参照できる点がすごい。つまり、新聞の「デジタル縮刷版」のように、当時の雰囲気そのままに記事を閲覧できる。1面トップを飾ったニュースはやはり紙面レイアウトで見た方が、インパクトがあるわけです。

ほかにも地方紙の電子購読はいろいろ活用できます。

福岡出身の人が西日本新聞を電子購読しておけば、東京で働いていても地元愛を忘れずにいられるし、帰省したときも家族や地元の友達の話についていける。私は取引先の地元ニュースをチェックしているのですが、「なんでそんな話を知ってるの？」とよく驚かれます。また地方紙には、地元出身選手の独占インタビューが載っていたりすることも多い。

新聞は電子購読でざっとチェックし、週イチの紙でじっくり読む。電子版はまだ過渡期なので将来どうなるかはわからないものの、現時点ではこれがベストな購読スタイルだと思っています。

習慣 060　**電子版でいろんな新聞を試してみる**

習慣 061　**よその地方紙をデジタル購読**

習慣 062　**過去記事データベースも活用**

習慣 063　**出身地や出張先の地方紙もチェック**

月刊誌を定期購読しよう

紙を中心に据えて読む力を養っていく。そのために雑誌の定期購読も活用しましょう。

街の書店もどんどんなくなるし、コンビニの雑誌売場も次々と消えていっています。雑誌に安定的にアクセスするには、もう定期購読しかありません。

かつて定期購読の手続きは郵便局に振込用紙を持っていったりして、ひじょうに面倒なものでしたが、今やほとんどの雑誌は富士山マガジンサービスのオンライン書店「Fujisan.co.jp」上で、手軽に定期購読の申し込みができます。

雑誌というと週刊誌をイメージする人も多いかもしれませんが、読む力をつけるためには月刊誌を勧めます。

週刊誌は刊行ペースが早すぎるし、内容もほとんど時事ネタと芸能ゴシップなので負荷が低すぎる。もう少し力をつけるための「やや強度の高いメニュー」としては、月刊誌に載っている専門家による寄稿や長文のルポルタージュの方がいいのです。ひと月1誌くらいなら忙しい人でもなんとかなるでしょう。

また月刊誌は情報ソースとしても有用です。新聞のストレートニュースや週刊誌の事件報道は、基本的に「速報」が売りですから、深く掘り下げたものは少ない。ネット上でも公開されるので、ヤフーニュースなどを見ていればだいたいカバーできる。対して、活字系の月刊誌に載っているニュースの考察や分析は、なかなかネット記事で代用することができません。

その証拠といえばいいのでしょうか、近ごろ、よく月刊誌の記事（人生相談の連載とか）が数カ月後にネット上でバズっているのを見かけます。出版社が雑誌掲載したものをニュースサイトに二次利用したものです。雑誌でチェックしていた人間にとっては「なんで今ごろ？」と思うし、コメント欄で議論が巻き起こっているのを見て不思議な気分になる。

じつは「ネットより紙の方が早い」といった現象もけっこうあるのです。

では、どんな雑誌を定期購読すればいいのか。

活字の詰まった総合誌といえば、『文藝春秋』や『中央公論』が代表です。しかし、ページ数が多すぎるし、紙幅もかなりあるから持ち歩いてちょこちょこ読むには向かない。私もかつて定期購読していたけれど、読みきれなくてやめました。記事のクオリティーは文句ないんですけど。

その点、意外に使えるのが出版社や書店が発行しているPR誌です。新潮社の『波』や岩波書店の『図書』などが有名ですね。大きな書店のレジ横で無料配布しているものですが、もらいに行くのも手間なので私はお金を払って定期購読しています。といっても年間購読料は1000円くらいとタダみたいなもの。A5版で薄いので持ち歩きにも便利です。

PR誌は、意外に中身も充実しています。著名作家による小説やエッセイの連載はもちろん、後に書籍化されて話題になるような連載もたくさんあるのです。講談社の『本』や筑摩書房の『ちくま』の連載には、それぞれ講談社現代新書やちくま新書として刊行されるものが多かった（残念ながら『本』は2020年、休刊）。2019年にベストセラーになった『ぼくはイエローでホワイトで、ちょっとブルー』（ブレイディ みかこ／新潮社）も、PR誌『波』の連載時に読みました。ものによってはネットで話題になるどころか、書店に並ぶより早く読めるのです。

あと注目しておくべき紙媒体は、企業や団体の広報誌・機関誌です。資生堂の『花椿』や全日空の『翼の王国』などが有名です。これは書店や図書館にはほぼ置いてい

PR誌『翼の王国』『波』

ないので、足で探すしかありません。私は日本各地にある専門図書館（JTBの「旅の図書館」や味の素の「食とくらしの小さな博物館」など）といった専門ミュージアムをコツコツ訪問して、雑誌コーナーから発掘しています。こちらも休廃刊が多くてどこまで続くかわからないけれど、自分の興味や関心に合えば、これほど楽しい雑誌はありません。

　ボリュームのある総合月刊誌を毎月読むより、このような小冊子を何冊か組み合わせて購読する方が、飽きにくくコツコツ目を通していきやすいのではないかと思っています。

　ちなみに2023年現在、私が定期購読している主な雑誌は、『ナショナルジオグラフィック（日本版）』（日経ナショナル ジオグラフィック）をはじめ、『みすず』（みすず書房）、『熱風』（スタジオジブリ出版部）などです。どれもネットでは読めない独自性のある記事ばかりなので届くのが楽しみです。

とくに『ナショジオ』は年間購読するとバックナンバーのデジタル版（紙面レイアウトで閲覧可能）にも無料アクセスＯＫという、ものすごい大盤振る舞いをしているので、ぜひ契約をおすすめします。

定期購読のいいところはリズムがあることです。毎月、決まったタイミングで雑誌が届くのは日々の生活のアクセントになるし、夏季特集や新年号が届くと「もう1年経ったのか」といった感慨も湧く。仕事に追われていると、目の前のことに集中するあまり視野が狭くなったり、季節を楽しむことを忘れてしまったりするけれど、郵便受けに届く雑誌が平常心を取り戻させてくれるのです。

習慣 064
月刊誌で長文トレーニング

習慣 065
ＰＲ誌を定期購読して持ち歩く

習慣 066
広報誌や機関誌もチェックする

紙とデジタルの「チェンジ」

購読スタイルはしょっちゅう見直しましょう。とくに電子版で気に入ったものを紙での購読に切り替える「紙チェンジ」は、ひじょうに重要です。

たとえば、電子版の日経新聞を読んでいて「この統計データの解説記事は繰り返し読んで頭に入れたい」と思ったら、コンビニに行って紙の日経を買う。雑誌の読み放題サービス「ｄマガジン」で注目すべき連載を見つけたら、書店で実物を買ったり紙の定期購読に切り替えたりする、といった具合です。

「電子で読めるのにさらにカネを払うなんて！」と思うかもしれませんが、何度も読み返したり、じっくり味わって印象に刻んだりといったケースでは、紙の方が圧倒的に有利なのです。

「紙チェンジ」はお金を払うだけの価値がある、と断言しておきましょう。

現代は、ネット上でタダ同然で読めるコンテンツがあふれているせいか、紙バージョンを購入すると聞くと損するように思いがちです。しかし、本当に頭に残る読み方をしたければ、考え方を変える必要があります。サブスクの読み放題やデジタル版はあくまで「お試し用」の仮の姿であって、真の姿である「紙」を入手するのにカネを支払うのは当然なのです。

とくに毎号、保存したい記事がいくつも出てくるような雑誌なら、迷うことなく定期購読を申し込んで「紙チェンジ」すべきでしょう。

逆に、紙で読んでいて「これはそんなに集中して読まなくていいな」と思ったものは、「電子チェンジ」します。

紙から電子版の購読に切り替えてもいいし、定額の読み放題サービス（サブスク）を活用するのも手でしょう。雑誌の場合、「dマガジン」のラインナップに入っていなくても、アマゾンの読み放題サービス「キンドル・アンリミテッド」で読めるケースもあるので、チェックしてみてください。

私の場合、前述したように新聞は基本的に電子購読して、土曜日だけ「紙チェンジ」しています。ストレートニュース中心の平日紙面は、電子版でざっと読めば充分だからです。

もし「電子版では頭に入ってこない」とか「なんとなく読み応えがない」といったことなら、それは「紙で読むのに適したもの」かもしれません。新聞の電子版や雑

電子チェンジと紙チェンジを繰り返す

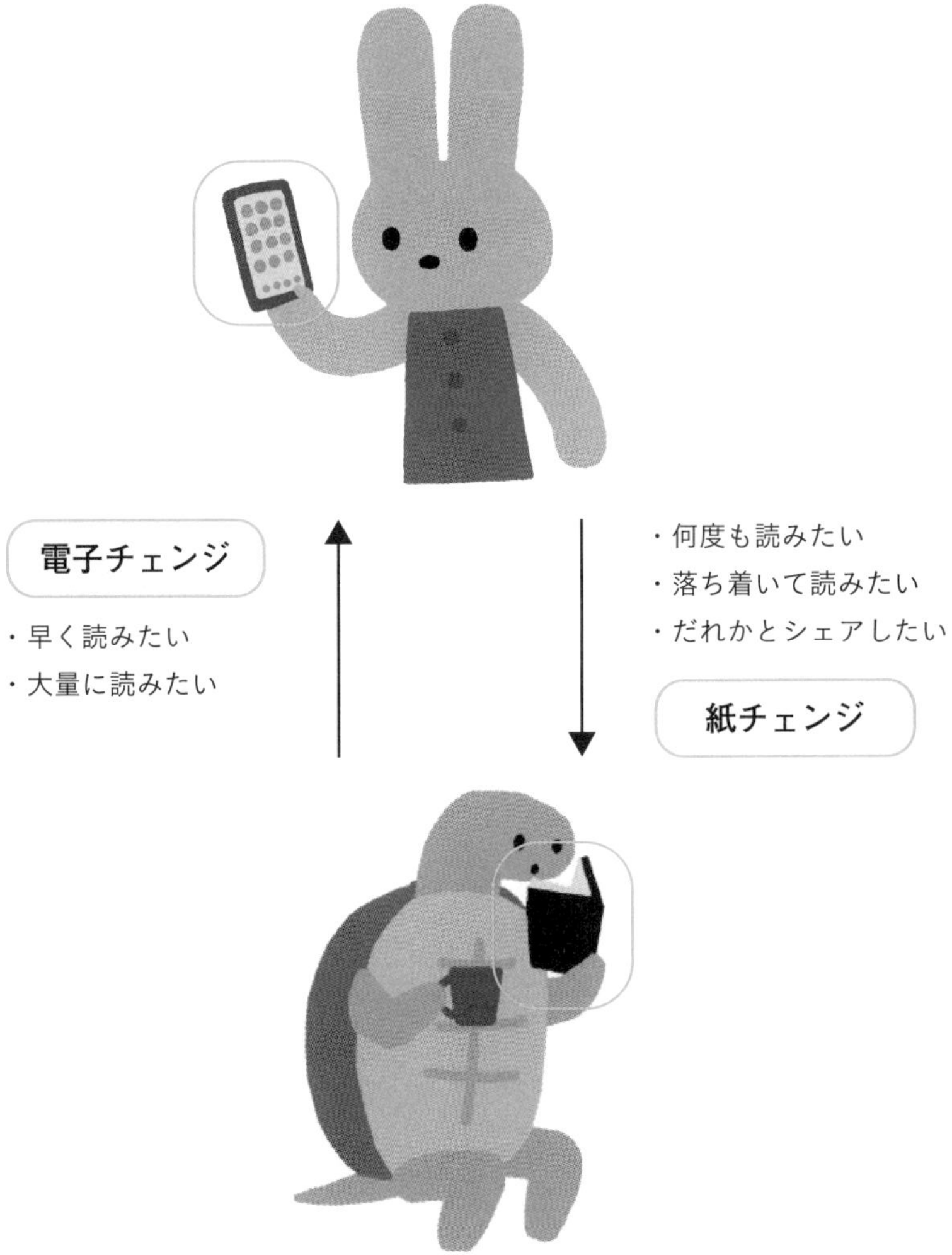

誌のサブスクはよく無料期間付きの体験キャンペーンをやっているので、気軽にいろいろ試してみるといいでしょう。

紙で読むメリットは、通知などの邪魔が入らず腰を据えて向き合えることに加えて、印象に残りやすい点です。判型や装丁、レイアウトといったそれぞれの特徴があるのはもちろん、紙の硬さや厚み、めくったときの弾力や振動、それに手触りや風合いも雑誌によって微妙に異なります。それにモニタと違って、紙面上の位置といった固有の〝住所〟もある。

このような「背景情報」と、記事や写真といったコンテンツとが組み合わさった結果、「独特の体験」として印象に残りやすくなるのではないでしょうか。

定期購読者なら毎月読んでいる雑誌の触り心地をすぐイメージできるし、日経を紙と電子でW契約している購読者なら、電子版を紙面レイアウトで読むより、紙で読む方が頭に残るのを実感しているでしょう。

読むという行為において「触覚」は、ふだんあまり意識されることはありませんが、じつは大きなウェイトを占めているのです。

さらに、紙チェンジするといろいろと取り回しが効くのもポイントです。

ネット上の記事を「これ読んでみて」を同僚にメールで送ってもたぶん見てくれ

ませんが、一緒にランチにでも行って切り取ったページを渡せば、その場で情報共有できるし、会話も広がります。

習慣 067　じっくり読みたいなら「紙チェンジ」

習慣 068　ざっとでいいなら「電子チェンジ」

習慣 069　レイアウトや触覚情報で印象に残す

紙も電子も、
新聞も広報誌も、
分け隔てなく
目的に応じて
読み分けよう

STEP 02

書籍へのアプローチ

「テーマと切り口」

ここからは書籍の話です。まず、本を買うときは「テーマと切り口」に注意して選ぶようにしてください。

小説やマンガなどのフィクションではなく、よく知らない分野について学んだり、仕事のヒントになるような知見を求めたりといった「知識の本」の場合です。こういうジャンルには、必ず「テーマと切り口」があります。

本のテーマ（山）には複数の切り口（ルート）がある

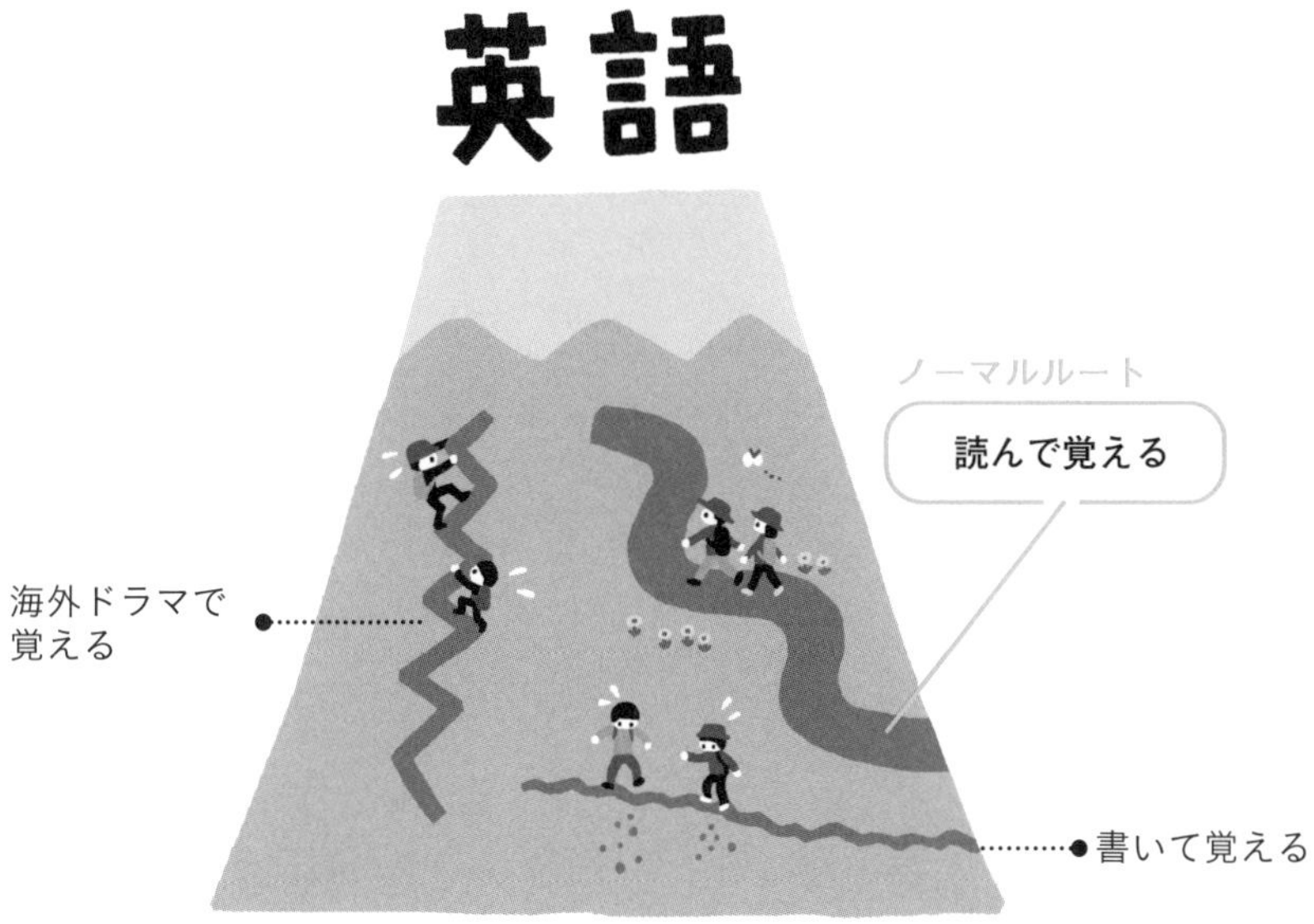

たとえば、社会人向けの英語勉強法の本をざっと見てみましょう。

例文や会話例を「読んで覚える」「聞いて覚える」といったよくある学習法があるかと思えば、「海外ドラマで覚える」「アメリカ大統領の演説から学ぶ」「英語日記で身につける」といった具合に、さまざまなアプローチが出てきます。

つまり、英語勉強法という「テーマ」にいくつもの「切り口」がある。

こういった状況は、登山にたとえてみるとわかりやすいと思います。

テーマが「山」で切り口は「ルート」です。英語や歴史、健康法、お金、アメリカ、中国といったメジャーなテーマ（大きな山）には、複数の切り口

（登頂ルート）がある、と。スニーカーでも大丈夫な一般向けルートもあれば、上級者にしか勧められない険しいルートもある。ひたすらヤブの中を進んでいくような変態的なルートもあります。

では、はじめて「英語勉強法」という山に登るなら、どのルートを選ぶべきか。

もちろんバッチリ整備された通常ルートです。

登山では、いちばんよく用いられるルートのことを「ノーマルルート」と呼びます。富士山でいえば、登山者の6割が使う五合目駐車場からのコースがノーマルルート。その他のルートは「バリエーションルート」と呼ばれ、ノーマルルートに飽き足らなくなった上級者向きの経路です。

本を選ぶときも「まずはノーマルルートから」です。さっきの英語勉強法の本の例で言えば、「読んで覚える」「聞いて覚える」がノーマルルートで、ほかはバリエーションルートと言えます。バリエーションルートに挑戦するのはノーマルルートを登り尽くしてから、というのが常識的な考え方でしょう。

ところが本の場合、初めての山にバリエーションルートで登り始めてしまう人が意外と多いのですね。理由はあきらかで、店頭で平積みになっているベストセラーが「バリエーションルート」であることが多いから。帯に「初心者向け」と書いてあるからといってノーマルルートとは限りません。ノーマルルートの本は既刊書が多く話題性もないから、店頭では目立たないのです。

語り起こしや対談など、平易で読みやすい「入門書」でもバリエーションルートになっているものは多いので、気をつけてください。初学者にとって、極端な単純化や異説・異論をうたった本は危険です。基礎知識に歪みができてしまうと修正にたいへんな労力がかかるからです。

何を買うべきか迷ったら、文庫や新書のロングセラーなど、地味に支持され続けているような本を選びましょう。

いちばんわかりやすい「ノーマルルートの本」は、高校のテキストです。

私は東京書籍から出ている世界史Bの教科書を愛読しています。難関校の論述試験対策として使われる教科書なので、用語の羅列感がなく流れをつかみやすい。さらに図版や写真もすばらしく、読み返すたびに発見がある。

近年は教養ブームらしく、社会人向けの「ビジネスに役立つ世界史」といった本がよく出ています。しかし、ああいったものを読むのは、ノーマルルートを1回やってからにしましょう。

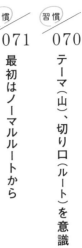

習慣 070 テーマ（山）、切り口（ルート）を意識

習慣 071 最初はノーマルルートから

習慣 072 バリエーションルートの「売れ筋」に注意

習慣 073 ノーマルルートの大本命として教科書を

チェックすべきは「切実さ」

本を選ぶとき、「テーマと切り口」に次ぐポイントは「切実さ」です。著者がその題材に本気になって、すべてを賭けて取り組んでいるか、といった視点で本をチェックします。つまり、強烈な「書かねばならない動機」から生まれた本を探す、と言い換えてもいいでしょう。

図書館員から「闘病記は使える」という話を聞いたことがあります。自分や身内が難病になったとき、病院選びや治療法といったヒントを求めて図書館にやってくる人は多い。

そんな人がカウンターに相談に来た場合、病名をキーワードに「医学」や「健康」といった分類の棚で専門家の本を探すのが普通です。しかし、デキる図書館員は「文学」や「エッセイ」「詩」といった文芸作品の棚から、病気の患者が残した文献を提供する。そういった素人の書いた本が、専門家の書いたものより利用者の役に立つことが多い、と。

理由は明らかでしょう。書き手が必死にテーマに取り組んでいるからです。たとえ文章や構成に難があっても、書き手が治療法を探し、家族と支え合い、そして命を削って残した記録は名作になるのです。

患者は医学の素人ですが、究極の当事者です。もちろん何十年もその病気の患者を診てきた医者も当事者ではあるけれど、切実度は患者の方が高い。お医者さんは最新の論文に目を通すのは明日でもいいけれど、患者は今日読むのです。たとえ英語がわからなくても、辞書を引きながら生存の糸口となる情報を探す。

数年前に、新聞広告で「がんになったがん治療の専門医が書いた闘病体験記」といった本を見かけたことがあります。専門性も切実さも文句なしで、私が病気になったらこういう本を選ぶでしょう。

以上は、本選びにおける「テーマの切実さ」の極端な例です。

もっと身近な例を上げれば、たとえば資格試験の勉強法なら「会計学校の人気講師の書いた」より「会計士試験に20回落ちた会計士が書いた」の方が切実度は高いし、政治や経済の話なら「気鋭の若手学者が書いた」より「最低賃金でバイトするフリーライターが取材」といった企画の方が、気合の入った内容になっている可能性が高い。

余談ですけれど、文芸評論の世界でよく「処女作にはその作家のすべてがある」と言われるのも、このことが背景にあるのかもしれません。

デビュー作には何十年もかけて練り上げてきた人間観や人生観、そして物心つくかつかないころからずっと囚（とら）われてきた問題意識といったものがギッシリと詰まっている。しかもそれを初めて世に問うわけだから、そこに込められた熱量もすごいわけです。

話を戻すと、書き手の持つ「切実さ」は形式からも推し量ることができます。

まず、共著は注意しましょう。私がよく読む昭和史の本には、外交や軍事など、さまざまな専門家が分担して書いたものが多いのですが、なぜか切れ味のいいもの

こういう本は「当たり」の可能性が高い

は少ない。

執筆者はみんな一流の学者で、単著はおもしろいのに共著になると生ぬるい内容になってしまうから不思議です。きっと単著の場合「ひとりの著者が全責任を負わねばならない」といった緊張感があるから、全力を出し切ることができるのではないでしょうか。残念ながら「共著に名作なし」です。

初心者向けの図解本やマンガ版も、買う前によく考えましょう。作り手が本当にその分野にのめり込んでいるのか、テーマとがっぷり四つに組む熱意を持っているか、といったことをチェックしてからレジに持っていきます。

「この本を書かねばならない」という作り手の切実な思いを感じないなら、再読に耐えないものである可能性が高い。多少の苦労は覚悟して、活字版の入門書を買った方がいいかもしれません。

習慣074
本選びは「書く動機の強さ」で

習慣075
「問題の当事者」が書いた本を探す

習慣076
「切実さ」に欠けた共著は避ける

習慣077
図解本やマンガも「熱量」に注意

「回路」で次の本へ

たまに講演などで「どうやって読む本を選んでいるのですか」「何をチェックすればおもしろい本が見つかるのでしょう?」なんてことを聞かれます。

これはけっこう返答に困る質問です。というのも、おもしろい本に出会うきっかけはおもしろい本だからです。これはお金が欲しい人に「まずお金を貯めてください」と答えるのに近い。

とはいうものの、何事にもセオリーはあります。100%彼女ができる方法はないけれど「地域の趣味サークルとか、同業者の若手が集まるイベントに顔を出してみては?」といったことは言える。本との出会いにおいてもしかりです。

ひとつ目のセオリーとは、まず大量のタイトルに触れること。ターミナル駅の大きな書店や図書館に行って、本棚を眺めながらひたすら歩いてみましょう。

売れている本を並べた本棚より、情報を網羅することを目指しているような、古い本も新しい本もそろえた本棚が理想的です。

小さな公共図書館の蔵書は文芸に偏るきらいがあるので、政令市や都道府県などの大図書館か市民向けに開放している大学図書館がおすすめです。そこでまずは興味のあるジャンルの棚を片っ端から見ていく。そして、気になった本を数冊借りて読んでみましょう。

もし読んでみてグッとくる本があれば、以下のように次の本へ展開していく「回路」を使ってみてください。

1. 著者展開

ひとつ目は「著者展開」で、同じ著者の他の作品へと渡っていくことです。これは小説やマンガを読むときに、だれもがしていることなので、説明不要でしょう。

2．テーマ展開

二つ目の回路はテーマ展開です。たとえば、戦時中の人々の暮らしを描いた小説やマンガを読んで興味を持ったら、歴史学者の書いた昭和史の入門書を買ってみるとか、戦争体験を扱ったノンフィクションを探してみるといったことです。これもだれもが無意識にやっていることです。

ただし、「専門性をまたぐ」ことを意識すると、もっと大きな飛躍ができます。

いま挙げた戦争のテーマは、普通は「歴史学」や「軍事学」のジャンルで語られることですが、政治学や経済学、マスコミュニケーション学の切り口もありえる。「当時のリーダーはどのように組織を率いてどう決断したのか」「アメリカとの経済力の差をどう分析していたのか」、そして「ラジオや新聞は戦時中の世論形成にどのような役割を果たしたのか」といった具合です。法学や社会学、教育学のアプローチもいくらでも出てきそうです。

もっと大きくジャンルをまたぐこともできます。

工学・医学・数学・気象学・物理学などです。私は理科系の学問をやったことはないけれど、「アメリカの兵器には最新のテクノロジーが使われていた」「暗号解読に数学者が大きな役割を果たした」「日本でも原爆開発を目指した時期があった」という話くらいは聞いたことがあるし、興味を惹かれます。これは文系から理科系へという展開ですが、逆もあります。たとえば、馬や鶏、羊といった家畜や、米・麻・カイコなどの動植物について、生物学ではなく文化史的に語るような場合ですね。

3．空間展開、4．時間展開

さて、回路の話はここから少しややこしくなります。第三・第四の展開は空間と時間です。もし雑誌や新聞で調査捕鯨の記事を読んでおもしろいと思ったら、「海外での捕鯨に関する議論がわかる本はないだろうか？」と考えて探してみる。これが空間的展開です。

いっぽう「日本人はクジラとどう関わってきたのか？　捕鯨はどのような道のりをたどってきたのだろう？」というふうに、過去に目を移すのが時間的展開です。時間も空間もずらしてみると「北欧やアメリカの捕鯨の歴史と日本の捕鯨文化」といった視点を持つことも可能です。ここまでくると卒業論文のテーマ探しみたいになってきますけど。

空間・時間展開には、定番の「型」があります。どんなジャンルでも「アメリカでは？」「中国では？」「欧州では？」と大国中心に視点を移したり、「古代では？」「産業革命以前では？」「戦前では？」と歴史の転換点を意識すると、さまざまな疑問が湧いてくる。そんな好奇心を満たしてくれる本を探せばいいわけです。

5. 視点転換

そして、最後の回路は視点転換です。

これは単純な例を挙げれば、AさんとBさんとの揉め事があったとして「Aさんの体験談」を読んだら次は「Bさんの体験談」にも触れてみよう、と。つまりカウンターパートから書かれた本を探すわけです。

日韓関係を論じた本は書店にたくさんありますが、たまには図書館で韓国側から見た「韓日関係」、つまり歴史問題や領土問題を語った本を探してみる、といった具合です。

ほかにも勝った側と負けた側、取り締まる側と取り締まられる側、出す側と受け取る側、雇用者と労働者、犯罪被害者と加害者、といった具合に逆の立場から書かれた本にもアプローチしてみましょう。

このような視点転換のなかでも重要なのが「外と内」の切り替えです。第三者が調べて書いた人物ノンフィクションを読んで興味を持ったら、その本人や身近な人が語ったものを探してみる。つまりインサイダーの証言にアクセスするわけです。

たとえば、私は若者向けに田中角栄を紹介する記事を書いたことがあります。そ

おもしろい本からおもしろい本が見つかる

1. 著者展開　ほかの著書は？
2. テーマ展開　クジラ×気象？　クジラ×科学？
3. 空間転換　他国のクジラ本は？
4. 時間転換　クジラの歴史本は？
5. 視点転換　「残念な」クジラ本は？

のときはできるだけ内と外、両面の資料を集めました。

田中角栄を論じた本はたくさんあります。「外側」の人、つまり政治学者やジャーナリストが調べて書いた評論や評伝があれば、側近や秘書、番記者、愛人、娘などが書いた「内側」の人による本もある。それに、演説集、インタビュー集といった本人の言葉まで書籍化されている。

こういう場合は、両者にバランスよく目を通すことが肝心です。インサイダーなら何でも知っていると思うかもしれませんが、近すぎるせいで見えないものも多いのです。

ほかにも、日本人が書いたヨーロッパ史の文献を読んで興味を持ったら、フランスやドイツの学校で使われている歴史教科書にあたったりして（明石書店に「世界の教科書シリーズ」という有名な翻訳シリーズがあります）「自国史」の視点から学んでみるのもおもしろいでしょう。

講談社の『中国の歴史』（文庫版で全12巻）は日本人の歴史学者が書いたものですが、翻訳版が中国や台湾で累計150万部のベストセラーになっているそうです。

日本でも「外国人が見た日本の××」という記事がよく耳目を集めるように、インサイダーだけでなくアウトサイダーの視点もまた必要とされているわけです。

習慣078 書店や図書館を歩き回り、ジャンルをまたぐ

習慣079 「アメリカでは？」「中国では？」「欧州では？」

習慣080 「古代では？」「産業革命以前では？」「戦前では？」

習慣081 「カウンターパートからの証言」を探す

習慣082 インサイダー・アウトサイダー視点の使い分け

中小書店の歩き方

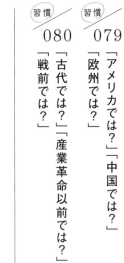

書店は本を探すのではなく、歩き回って考え事をするための場所です。

もちろんピンとくる本があればレジに持っていくけれど、基本的には何も期待せず「なんとなく行って、歩き回りつつ棚を見る」というのが王道だと思います。特定の本を手に入れるならネット書店で注文した方が早いわけですから。

この点では、ジュンク堂や紀伊國屋書店のような大きい書店より、郊外にある中小書店の方が、都合がいい。大きい店はビルの上の方にあったりして出入りも面倒だし、棚を見るのも時間がかかります。対して、ロードサイドやショッピングセンターの中にあるような中規模店は、5分くらいで歩き回れるから時間がなくても付き合えるわけです。

目的1．街の世論調査

私の場合、もちろんおもしろそうな本があれば別ですが、たいていは何も買いません。平台やキャンペーンの棚を眺めて、2、3冊パラパラめくってみて、店の中を歩き回ってから出ていくことが多い。

こういう行為を自分では、「本探し」というより「世論調査」だと思っています。学術書や専門書も手に入る大規模店と違って、中小書店は売れ筋やロングセラーがほとんどです。だから棚を眺めれば、どんなジャンルが人気なのか、どんな本が売れているのか、世間では何が流行っているのか、みんな何に悩んでいるのか、といったことを考える手がかりになります。

正直に言うと、みんなが何を考えているのかわからないのでこんなことをしています。ひとり仕事で友達も少ないので、なかなか世間の声が入ってこないのですね。

そこで、生活実用書やコミックエッセイの棚を見て、いろいろ思い巡らしているわけです。

「へー、ママ友格差っていうのがあるのか」

「わが子をメシの食える人にする、っていう本が増えているな」

といったふうに。こういう境遇にあるのはライターだからではなく、大都市で働くホワイトカラーなんかにも似たようなところがあると思います。

大人になって社会的なポジションを手に入れてしまうと、逆に、老若男女の「普通の人」が何を考えているのか、見えにくくなってくる。新聞の投書欄や社会面でも、SNSの投稿でもない〝素の感覚〟をつかむのに街の書店はちょうどいいわけです。

目的2. ジャーナリズムのトレンド調査

入り口の近くで、売れ筋の本や話題のテーマをチェックしたら、お店の奥の方にある文庫や新書の棚に向かいます。こちらは単行本やコミックエッセイと比べるとかなり地味で、「世論調査」には向いていません。

しかし、社会や政治経済の問題といったジャーナリズムの時事テーマはよく現れています。とくに新書の御三家（岩波・中公・ちくま）より後発の講談社現代新書、光文社新書、新潮新書といった柔らかめのレーベルではこういった志向性が顕著で、新聞報道の副読本のようになっている。さっき述べた「街の世論調査」に対して、こちらは「ジャーナリズムのトレンド調査」といった感じです。

目的3．新書棚から歴史考察

新刊コーナーを見たら、お気に入りのレーベルをチェックしておきます。私の場合、歴史ものが多い中公新書、社会学に強いちくま新書、隠れた名作の多い集英社新書などが月イチくらいで見ておく定番です。

ミステリやライトノベルのような文芸ジャンルではなく、判型に過ぎない「新書」のレーベルにも傾向があるというのは意外に聞こえるかもしれませんが、明らかにある。

やはり編集部には「どんな書き手にどんなものを書かせるか」といった方針があるし、ターゲットとしている読者層にも違いがあるからです。これにより、同じ歴史学者の本であってもどのレーベルで刊行されるかによって切り口やタイトルの付け方まで変わってきます。

お気に入りレーベルのうち、とくに楽しみにしているのは中公新書です。時事ネタをほとんどやらないから、どんな本が出るかまったく予想できず、新刊に意外性と見応えがある。中身のクオリティーはもちろん、緑色のカバーも格調高くて好きだし、『原敬』『荘園』『アケメネス朝ペルシア』といった読者に媚びないタイトルもクールです。それに私は宮脇俊三（鉄道作家、編集者として中公新書を創刊）の愛読者なので特別な思い入れもあります。

新書や文庫の棚は歴史があるのもポイントです。単行本コーナーでは、ここ数年に出た本しかないのに対して、新書のレーベル棚を右から左に見ていくと、20年ほどさかのぼることができる。大きな書店ならもっとです。

もちろん、大型店でも刊行順にぜんぶ並んでいることはまれです。ただ、「欠け」は店によって違うので、出先の街でふらりと書店をのぞいてみたりしていると、大きな書店でも見つからなかった本を発見することがある。

何年も前の既刊本は新聞広告にも載らないし、今さらネットニュースやSNSで話題になることもないので、けっこう知らないものです。だから、レーベルをさかのぼって見ていくのは意外と刺激的な体験になる。予想もしていなかった本との出会いもあります。

ある書店員がこんなことを言っていました。

「新しく出た本が新刊なんじゃない。古い作品でも初めて手にとったなら、その本はお客さんにとって〝新刊〟なんだ」

習慣083 中小書店で「世論調査」

習慣084 新書コーナーで「トレンド調査」

習慣085 お気に入りレーベルを持つ

習慣086 新書棚で時代をさかのぼる

図書館は分類法で渡る

図書館のメリットは、幅広いジャンルや年代の本にアクセスできることです。その結果、「こんな本があったのか！」といった出会いが生まれやすい。

書店は基本的に商売であって、限られたスペースの中に新刊と定番、人気作、話題作、これから売れそうな本などを配置しておかなければならない。よほどの大型店でないと「売れないけれどだれかの役に立つ本」を並べておくことはできません。対して図書館は、利用者の文献調査の役に立ったり、いろいろな好奇心に答えたりすることを目的に棚を作っています。同じように見えても、目的はまったく違うのです。

そんなわけで、図書館でおもしろい本に出会うためには、書店とはまったく違うアプローチを取る必要があります。

まず、図書館で本を見るときは、分類について最低限の知識をつかんでおく必要があります。

日本の図書館では「NDC（日本十進分類法）」と呼ばれる仕組みで蔵書を管理しています。都道府県や政令指定市の大きな図書館から、市町村の中小図書館、それに大学図書館や小中学校の図書室まで、ほぼすべての施設でも同じです。

NDCとは、ごく簡単に言うと「すべての資料を10のジャンルに分ける」という整理法です。図書館にある本は、どんな本であろうと必ず「0」から「9」のうち、どこかに所属しているわけです。たとえばスペイン語の入門書は「8：言語」で、炭鉱の本は「6：産業」、小説はすべて「9：文学」です。

でもカテゴリ分けできない本もあるんじゃないかというと、ありません。百科事典やインターネットに関するものなどは、「0：総記」に入るからです。

10の分類について説明するとキリがないので、特徴をリストアップしておきました。覚える必要はないので「へぇ、こうなっているのか」といった程度に把握しておいてください。

0：総記………インターネットに興味のある人は意外と使う
1：哲学・宗教…人文系の本が好きな人の御用達
2：地理・歴史…教養として読みたい本が多い
3：社会科学……時事的なテーマの本が多い
4：自然科学……動物や虫、天体などの本はここ
5：技術・工学…乗り物好きはよく使う
6：産業………ビジネス実務などの本も多い
7：芸術・美術…趣味とスポーツ、マンガも
8：言語………外国語学習の強い味方
9：文学………小説や詩。紀行文もある

私が提案したいのは、NDC分類の中から「自分担当」を決めておくことです。歴史や文化に興味があるなら「2：地理・歴史」や「1：哲学・宗教」を、生き物が好きなら「4：自然科学」、スポーツが趣味なら「7：芸術・美術」を自分担当と

してもいい。ただし、それだと対象となる資料が膨大になってしまうので、さらにNDCの「分類の中での分類」を使って、次のように設定しておくといいでしょう。

中国史：222
キリスト教：190
昆虫：486
将棋：796

たとえば「昔から料理が好きで、最近は器や包丁選びのほか、街や旅先でのグルメ、食と健康の問題にも興味が出てきた」といった人は、「596：食品・料理」「290：地理・地誌・紀行」「581：金属製品」「751：陶磁工芸」「498：衛生学」あたりを自分担当にするといった具合です。

私は自転車が好きで、旅先でのサイクリングもする。さらに簡単なメンテナンスも自分でしたいので、「786：戸外レクリエーション」「291：日本」「536：車輌・運搬機械」がNDCの自分担当です。

この「NDC自担」をメモして持ち歩いておくと、図書館での本探しは一気に簡単になります。

近くの図書館で気になるジャンルをすばやくチェックするだけでなく、初めての図書館でも目的の棚をすぐに見つけることができます。また、児童室で同じことをすれば、図版がたくさん入ったティーン向けの入門書が見つかるし、参考図書コーナーでは、家においておきたくなるような専門事典や図鑑に出会うことができる。つまり、他館や他コーナーをスムーズに越境しながら探索できるわけです。

もちろん蔵書は図書館によって異なるので、これをやればやるほど「まだ見ぬ良書」に巡り会える可能性が高くなります。

小学生以下の子供を対象とした児童室や児童書コーナーは、歴史や自然科学に強いので、この分野を〝自担〟にしている人は、ぜひ足を運んでみてください。美しい写真やわかりやすいイラストをふんだんに使った本に出会えるはずです。大河ドラマの影響でベストセラーになった新書よりも、子供向けのハードカバーの大判シリーズの方が日本史の入門書として優れているケースは多いのです。

いっぽう中高生や大学生くらいまでの利用者に向けて作られた「ティーンズ」や「YA（ヤングアダルト）」と呼ばれるコーナーは、人文学をよくカバーしているので政治や経済、法律などを学びたい人はチェックしておきましょう。領土問題や金融危機といった時事的なテーマは地図や統計グラフなどの入ったビジュアル版の方が理解しやすい。岩波ジュニア新書やちくまプリマー新書などの定番の入門書シリーズも名作がそろっています。

また一部の公共図書館で始まっている電子書籍のサービスも、紙の本と同じようにNDCの分類が使えます。電子書籍の場合、リアル図書館のように棚のあいだをぶらぶら歩きながらピンとくる本を手に取るといったことはできず、キーワード検索するしかないと思うかもしれません。しかし、NDCをおおまかにつかんでいれば、モニタ上に「仮想本棚」を呼び出すことができます。

トップページから分類の項目を2、3回クリックするだけで、西洋史の本だけずらりと一覧表示させたり、教育学の新しい本が入っていないかチェックしたり、といった使い方もできるのです。

習慣 087 図書館ではNDCを活用する

習慣 088 NDCの〝自担〟を決める

習慣 089 さまざまな図書館で「越境探索」

習慣 090 児童・ティーンズコーナーもチェック

公共・大学の使い分け

チャンスがあれば、都道府県や大学の図書館にも行ってみましょう。

貸し出しを重視した柔らかい本をそろえた公共図書館と違って、「文献調査」のための蔵書構成になっているのが大学図書館の特徴です。

公共図書館なら古い本は書庫に入れられてしまうけれど、私のよく使っている大学図書館では昭和に出た本でもきちんとメインの閲覧室に並んでいます。おそらくレポートや論文を書くのによく使われる資料だからでしょう。

先ほど紹介したNDCの自担チェックを大学図書館でやると、公共図書館とはガラリと違う体験ができます。

一般向けの概説書や入門書だけでなく、その道の研究者が読むための専門書や学術書が並んでいるからです。地域住民なら貸し出しができるケースもあるので、遠慮せずに借りて家でパラパラめくってみましょう。内容は理解できなくても、「こういう世界もあるのか」といった感触をつかめるだけでも収穫です。

時間があれば、自担から外れて本棚のあいだを歩き回ってみてください。ぜんぜん興味のない心理学の本の中に気になるタイトルのものがあったり、国防・軍事というマニアックな感じのする棚にぼんやり感じていた国際ニュースの疑問に答えてくれそうな本がみつかったり、といったのはよくあることです。これは身近な図書館でもいいけれど、大学図書館や旅先の公共図書館でやってみると、ものすごく実り豊かな体験ができます。

私はこれを「異分野交易」と呼んでいます。

ヨーロッパ人が中国やイスラム世界から科学技術や文化を取り入れたり、新大陸のタバコやジャガイモを手に入れたり、といったイメージです。

たとえば、自分が持っている美術の知識を使ってとっつきにくい経済史の本を読みこなしたり、ファッションに興味のある人が民俗学の棚から服飾に関わるおもしろい本を発見したりする。

冒頭の「5つの約束」で「ひとつ読めるジャンルが増えれば読める本はねずみ算式で増える」と言ったのはこういうことです。まったく別物に見える科学と哲学であっても知はつながっている。ハダカデバネズミやY染色体の本を読んで得た知識が、たまたま社会問題や歴史学の本を読むときの補助線になることもあるのです。

知識は体系化されていないと使えない、という人もいるけれど、バラバラの「点」であっても数が増えてくると勝手につながることがある。だから「うわー、この棚はとっつきにくいな」と思っても、すぐ立ち去らず20秒ほど眺めるのをおすすめします。自分の枠からはみ出た「遠い世界」であれば、ひょっとしたらNDCの自担では出会えなかった新しい視点に出会えるかもしれません。

また門外漢のジャンルに触れることで、自分の「辞書」にはない新しい言葉や言い回しに触れる機会も増えます。

私は音楽やお笑いのテレビ番組はほとんど見ないのですが、ミュージシャンの自伝や芸能もののノンフィクション本はたまに読みます。もちろん興味を感じるからですが、読む理由の一部には「いつもと違う世界の言葉に自分をさらすこと」もあります。演奏や演芸の世界には独特の表現が多いからです。

入れるなら書庫をのぞいてみるのもいいでしょう。たとえば、私は企画のヒントを求めて大学図書館に行くことが多いのですが、いま書店に並んでいる新刊書が扱っているようなテーマは、ほとんど過去にやられている事実には驚きます。

旅行のガイドやノウハウをはじめ、趣味やスポーツの上達法、会社での立ち回り方からコミュニケーション法といったことまで、ほとんどのテーマは戦前、古くは江戸時代から出版されている。

現代の問題のヒントを求めて、現代の本に当たるのもいいでしょう。しかし、ときには古い本に触れるのにも効果があります。昔の人の考えが一周回ってものすごく新鮮に感じることもあるのです。

「おもしろい本がない」という人は、自分が好きなジャンルや人気作、話題書といったものにこだわりすぎかもしれません。小説よりワクワクドキドキさせる科学啓蒙書もあるし、ミステリ以上の謎解きが用意された人物評伝もある。それに新刊より新鮮な大昔の本もあるのです。

さまざまな本へのアプローチを可能にするためだけでなく、視野を広くし、頭の奥行きを深めるためにも図書館を活用しましょう。

習慣 091
大学図書館でも「自担チェック」

習慣 092
馴染みのない棚も眺めてみる

習慣 093
違う世界の言葉に身をさらす

習慣 094
書庫の古い本で視野を広げる

ネットで本に出会うには？

「忙しくてなかなか書店や図書館に足を運べない」あるいは「本棚をずっと眺めていてもピンとくる本がない」という人は、ネットで探してみましょう。

といってアマゾンを開いても「自分が何に興味があるのか」を把握できていないと、検索窓にキーワードを打ち込むこともできません。

そんなときは、まずトーハン運営のウェブサイト「e-hon」内にある「新聞の書評コーナーで紹介された本」を見てみる。ここは朝日・読売・毎日・日経の読書面で紹介された本を羅列してある便利なサイトで、私もたまに見ています。

去年の1月までさかのぼって見ていくことができるので「何カ月か前、新聞書評にあったあの本なんだったっけ？」といったときにも重宝します。

サイトからわかるのは「○月○日の△△新聞に書評が掲載された」ということだけで、書評そのものは読めません。しかし、出版社の用意した「要旨」や「目次」が載っているので、おおまかな内容はつかめる。サイトデザインがスッキリしているのも気に入っています。

ほかにも、同じ趣旨で産経や中日もカバーしているサイトなんかもあるので、検索エンジンから探してみてください。

新聞書評というと5000円くらいする学術書を平気で勧めてくるようなイメージがあるかもしれませんが、最近は違います。

芸能人やタレントが愛読している小説やビジネス本、マンガなどもよく載るし、「思い出の1冊」といったコラムで取り上げられたロングセラー本も入るので、結果的に同サイトはなかなか味わい深いリストになっています。少なくともベストセラーランキングよりは楽しめるでしょう。

ウェブ上で見つけた本であれ、新聞広告や友達のおすすめであれ、「気になる」と思った本は、必ずリストアップしておきましょう。手帳でもスマホやパソコンでも、自分に合った方法でかまいません。強調しておきたいのは、これを「即座に」やることです。

朝刊をめくっていて「あ、この本ちょっと気になるな」と思ったら、間髪入れずメモするなりページを破り取るなりする。これは絶対です。

電車の中はもちろん風呂の中でも、夜中トイレに起きたときでも必ず後で思い出せるようにしておきましょう。こういうのはわずか数秒で忘れてしまうからです。

「これは！」と思っても、変な格好の人が目の前を通ったりすると、二度と思い出せなくなってしまいます。

私は、気になる本が出てきたら、すぐアマゾンの「ほしい物リスト」に登録しておくことにしています。アマゾンは多少キーワードが間違っていても検索結果に目的の本が出てくるので登録がラクです。また、外出中でもスマホアプリから追加でき、図書館や書店でチェックすることもできる。やや使いづらい点もあるけれど安定性はピカイチでしょう。

かつて日本のネット書店を使っていて、サイトリニューアルとともにリストが消えたことがありました。「ほしい物リスト」は継続性の点でもおすすめです。なお、少し面倒ですけれど、読み終わったり興味が薄れたりした本はこまめに削除しておきましょう。

習慣 095
「新聞の書評コーナー」で紹介された本」をチェック

習慣 096
興味を感じた本は即座にメモ

習慣 097
気になった本はアマゾンの「ほしい物リスト」に

動画も本探しのネタになる

ネット上の本探しに話を戻せば、近ごろ私がよく使うようになったのがYouTube（ユーチューブ）動画です。といっても本の紹介動画を見るのではありません。ユーチューブで公開されている講演や講義を見て「おもしろい人」を探すのです。

講演動画が見つかるのは基本的に大学の研究者が多いけれど、フリージャーナリストやNGOの代表といった人の中にも、自分の専門分野について、体験談や研究成果を語っているケースがあります。

そういうのを見つけたら、著作をチェックして「ほしい物リスト」に登録しておく。そして後日、書店や図書館で実物を手に取ってみます。

かなり遠回りなやり方に思えるかもしれませんが、このアプローチには大きなメリットがあります。

それは専門家のコンテンツが「映像」と「文字」の両方で手に入ることです。たとえば、アメリカ外交を研究している大学教授が講演している動画を見て「この先生の見方はおもしろい」と思ったら、その人の著作をネット書店で注文します。こうすると、動画を見てから本を読んだり、本を読んでから動画を見たり、という具合に相互参照できるようになる。まるで角川映画のようです（古い）。お互いに「副読本」のように使えるので理解の助けにもなります。

ただし、ユーチューブで講義や講演を探すのはコツがいります。仮に「中国」と検索しても、人気のユーチューバーが語る中国論とか、信頼性にかけるものばかり出てきてしまうからです。娯楽として消費するならいいけれど、間違った知識から「入門」してしまうと修正が困難になってしまいます。

よく知らない分野は、個人配信ではなく、学術機関がアップしたものや公共空間での講座など、第三者の目が入っているものを聞くようにしましょう。再生回数やサムネイルに釣られず、自らの頭を使って選んでください。

信頼できる講義や講演を探すコツは、なるべく「長い動画」を探すことです。検索結果を絞り込んで30分以上のものだけ抽出してみましょう。

たとえば、NHKに大学教授や研究者などが専門分野の話を一般向けにレクチャーする「視点・論点」という番組があります。ひじょうに情報が詰め込まれていて疲れる番組ですが、あれでも放送時間は15分です。専門家が簡単に自己紹介して普通の人に伝わる話をするには、最低でも30分はかかることがわかります。

よくある「〇〇が5分でわかる動画」といったコンテンツは、表面を撫でただけのものと割り切った方がいいでしょう。

検索ワードを工夫する手もあります。たとえば「中国　公開講座」「考古学　市民講座」といったキーワードでユーチューブ検索すれば、大学や公共団体がアップした動画が見つかります。

コロナ禍以降、大学がオープンキャンパスなどで行っていた高校生向けの公開講座や市民講座をユーチューブで配信するケースが増えました。現在のところ、公開講座を熱心にアップしている大学は、東大や京大といった国公立大学に限られていますが、今後、増えてくるのは間違いないでしょう。大学の公式アカウントをチャンネル登録しておけばチェックが楽になります。

大学以外では、日本記者クラブなどの公益団体も、専門家の講演動画を定期的にアップしています。あと動画ではなく音声ですが、NHKラジオの「カルチャーラジオ　歴史再発見」といったコンテンツも公式ウェブサイトやアプリで聞き逃し配信されているので、たまに見てみるといいでしょう。

時間があるときはユーチューブの講義動画を探して、「現代中国なら〇〇先生と

△△先生」「アメリカ政治なら××氏と□□氏」というふうに「推し」を把握しておく。すると、そのうち米国の大統領選挙が近づいてきたら「あのアメリカ現代史の講義を聞き直そう」とか「あの動画の先生が書いた本を図書館で探してみよう」といった具合に、自然と学びを深めていくことができます。

習慣 098 講演動画から その人の著作をチェック

習慣 099 大学の公式動画に加えて 公開・市民講座も

習慣 100 講義動画は30分以上のものを選ぶ

習慣 101 ラジオや動画で「推し専門家」を作る

欲しい本がなければ、
とりあえず書店や
図書館に行く。
次から次に読みたい本が
見つかるよ

第3章

「拡散」の習慣
――大量ブラウジングで質を上げる

いよいよ、文章を読み進めていきます。
最初は意気揚々と読み進めるも、途中で脱落してしまう……
という人は多いのではないでしょうか。
ここで意識するのは「ちゃんと読む」と「ざっと読む」を区別すること。
のべつまくなしに全力投球する必要はないのです。
力の抜きどころを意識すれば、
だんだん読むのが苦ではなくなります。

STEP 01

「ざっと読む」の基礎理論

「ざっと読む」と「ちゃんと読む」の使い分け

第3章以降は、情報の質を上げ、さらに興味や関心を広げていくための習慣を語っていきます。

まず大切なポイントは、メディアに触れるときは常に二つの「読み方」を使い分けることです。

分厚い本を前にすると
圧倒されて、
1ページも開けられない

ひとつ目は「ブラウジング」で、長い文章やページ全体にざっくり目を通すこと。テキストを前から順に読むのではなく、全体を俯瞰(ふかん)して「何についての話なのか」「どういうことが書いてあるのか」といった要旨をおおまかにつかむのが目的です。

たとえば経済誌のオピニオン記事なら「日本の財政についての話で、この人は××のリスクを訴えている」といったこと。過去にたくさん読んだ経験がある分野であれば、どんなキーワードが含まれているかだけで趣旨を把握できるので、ブラウジングは楽になります。

そして、二つ目が「リーディング」です。こちらは国語の授業のように、前から順に意味を把握しながらきっちりと進んでいく読み方。小説はもちろんノンフィクションでもこちらのやり方がほとんどでしょう。知識や情報を得るために新書やルポルタージュを手に取るようなケースでは、全部リーディングではなく、「ここはべつにいいか」という部分だけブラウジングを使って、駆け足で読み進めたりするケースもあるかもしれません。

本章では、前者の「ブラウジング」の技術を中心に扱います。というのも、本書で語っているような知識や情報のコンテンツはすべて、まずブラウジングするべきものだからです。

最初にざっと目を通して「そのままお別れするもの」と「リーディングして一部を頭に残すべきもの」に分ける。言うまでもなく大量の情報をさばけるのはブラウジングであって、はじめからすべてをすべてリーディングするのは不可能です。

「朝刊の文字数はおよそ20万字。新書の2冊分の情報が詰まっている（東洋経済オンライン『池上彰が解説「今さら聞けない新聞の読み方」』）」と言うように、すべての記事にしっかり目を通していたら生活できません。


では、どうするか。

いったんブラウジングしてから、必要に応じてリーディングすればいいのです。


ブラウジングの基本方針は「たくさん触れてたくさん捨てる」です。つまり、新聞・雑誌・本・電子コンテンツなど、できるだけ大量の情報にアクセスし、ざっと目を通した上でそのほとんどを捨てる。そして「これは値打ちがある」といった上澄みだけにしっかり付き合っていくようにします。

要するに、この章で紹介する読み方はリーディング前の「ふるい」です。

ブラウジングとリーディングの違い

ここで「わざわざ大量の情報に触れなくてもいいのでは？」と思う人も多いかもしれません。

もちろん「気鋭の学者の新刊」「仕事に役に立つビジネス誌」といった具合に、世間の評価の高いものだけをリーディングする手もあります。最近は「キュレーション」といって、ネットニュースやブログ・SNSの中からよくできたものを紹介してくれるサービスが定番化し、書籍の要約サイトも人気がある。しかし、私は「おまかせ」ではなく、面倒でも自分の頭で判断することを勧めます。

単純に、その方が身につくからです。

世間で高評価を得たものや目利きが厳選したものだけを読むのは合理的ですが、結局のところ、自分ではない人のセレクションは「他人事」に過ぎないのです（当たり前のことですけれど）。

また、選び抜かれた「大事な情報」の中には、もちろん自分に合わないものも含まれています。そして、こういうケースはどうしても「役に立つから我慢して読む」といったかたちになりがちです。

ワクワクするはずの「気に入ったものを読む」という行為が、イヤイヤやる「勉強」になってしまう。これでは続きません。

いっぽう、自ら大量の情報に触れて選ぶアプローチは、自分自身がキュレーターです。自分の興味や関心、志向性、好みにバッチリ合うものを選んでじっくり付き合っていくので、楽しみながら頭にいれることができます。

自分よりジャーナリストや書評家の方がカバーしている情報は広いかもしれませんが、習慣としてずっと続けていくことを考えれば「セルフビルド方式」の方がいいのです。


仕事や学業をしながら、さまざまなメディアの情報に目を通すのは大変だと思うかもしれません。しかし、このふるいにかける行為自体、多様な言葉に身をさらすことであり、読み方のトレーニングになるのです。

続けているうちにそれほど負担を感じなくなる。日頃から徒歩や自転車で移動するようにしていれば、勝手に体力がついてくるのと同じです。

最初はできる範囲で大丈夫です。たとえば新聞1紙と雑誌1誌から始めて、力がついてきたら経済紙に月刊誌、専門誌、と広げていく。対象が広がれば広がるほど「選抜組」の魅力はアップするわけで、自然とリーディングにも身が入るようになるでしょう。

また、この大量ブラウジングの途上には、スクラップしたい傑作記事に出会ったり、定期購読する雑誌を探したりといったささやかな楽しみもあります。

義務感でやっても続きません。習慣化するには、心を踊らせながら取り組めるような仕組みが大切です。

習慣102 概要をつかむために、ざっと目を通す(ブラウジング)

習慣103 自分の目でリーディングすべきものを選ぶ

習慣104 たくさん触れてたくさん捨てる

習慣105 選抜することでリーディングの魅力アップ

「ブラウジング10割」の読み方

ブラウジングはあくまで「ざっと読む」だけのことであって、修練の末に身につけるようなものではありません。リーディングする対象を絞り込むために「じっくり読まなくていいもの」をどんどんカットし、時間と労力を節約する。

じつはこれ、だれでも多かれ少なかれやっていることです。

新聞はざっと見て気になった記事だけ読むものであり、ネットニュースやSNSのタイムラインも、スクロールして「おや？」と思ったものだけチェックするでしょう。書店で本を見るときもパラパラめくって中身を確認してから買うと思います。

このようにブラウジングはありふれた行為ですが、この技術をとことん磨いていくと強力な武器になるのです。

たとえばレポートを書くときです。

提出日が迫っていて「読めるのはせいぜい2、3冊」という場合でも、大量ブラウジングができれば、10や20もの文献をチェックし、一部だけを読み込んだ上で作成することができる。

もちろん参考文献は多ければいいわけではないけれど、いろいろな書き手の意見に触れることは自分の考えを深めるのに役立ちます。はじめのうちに図書館などでこれをやっておくと、最終的な成果物にも大きな違いが出るのです。

また、15分ほど集中してブラウジングすれば、手強い（てごわ）ハードカバーの大著でもおおまかな内容をつかむことができます。さらに「章ごとにブラウジングしてから最初に戻ってリーディング」と二段構えで読んだり、こまめにブラウジングで「読み返し」を加えていけば、普通に前から順に読み進めていくケースと比べてかなり負荷を下げられる。つまり、ブラウジングはリーディングを支える基本技術なのです。


ただし、ブラウジングにも弱点があります。ほとんど頭に残らないことです。

短時間で大量のテキストに目を通す、と聞くと「効率よく頭に入れられる」と思うかもしれないけれど、そんなうまい話はありません。ネットで読んだものを思い出してもらえば納得してもらえると思いますが、サクッと流し読みしたものはサクッと忘れるもので、定着度は「読まないよりマシ」程度です。しかし、この段階ではそれでいいのです。

さて、ブラウジングをしっかりと身につけるために、まずは「ブラウジング10割」の読み方を体験してみましょう。

コツは立ち止まらないこと。新聞を例に取れば、まず5分くらいで全ページめくってみるのです。朝刊一部あたり40ページとすると、単純計算で1ページ7・5秒。全面広告やレシピなんかのページもあるので実際には10秒くらいでしょうか。紙でも電子版でも、とにかくパッパッパッとめくっておおまかに全体像をつかむ。

これが「ブラウジング10：リーディング0」の読み方です。普通は気になる記事だけ立ち止まる「ブラウジング7：リーディング3」くらいの読み方をしている人がほとんどでしょう。しかし、ここではあえて全部ブラウジングでやってみる。

これでは記事の内容がわかりません。それでも、どんな記事があったかくらいは把握できたはずです。国際面に米中関係の課題を説明する大きな記事があったとか、次の選挙で何が問われるかについての社説があったとか、社会面にあの事件の判決についての話が出ていた、といった具合です。

そして、2回目からリーディングを加えて「立ち止まりもOK」にする。もちろんすべての記事を読むわけではなく、適宜（てきぎ）ブラウジングを織り交ぜる「普通の読み方」です。最後までしっかり読む記事、そうでない記事もあれば、導入部分だけ読んだり、図版だけチェックしたりと、さまざまなブラウジング&リーディングの使読むのがラクになる「ブラウジング10割」

1回目

立ち止まらずに、
ザーッとページをめくる

2回目

ときどき、立ち止まりながら読む

い分けがあると思います。

どうでしょう、いつもよりかなり楽に読めたのではないでしょうか？

先に集中して全体像を把握したぶん、2回目はラクになる。事前に下見をしてから本番のデートに行くように、余裕が生まれるわけです。

このやり方は、新入社員のころに新聞記事のスクラップ（業界関連ニュースを探す）を命じられたときに編み出しました。何日も作業を繰り返すうちに、いちいち立ち止まらず、いったん駆け抜けてから振り返った方が早く終わることに気づいたのです。

ブラウジングとリーディングという二

つの仕事を同時進行するのではなく、初めのうちはきちんと分けて行う。立ち止まって読みたくなっても、我慢してとりあえず最後まで進む。これがブラウジングを強化する訓練法であり、テキストの負荷を下げるための常套（じょうとう）手段なのです。

習慣 106
リーディングの前にブラウジングをする

習慣 108
2回目は「立ち止まりＯＫ」でブラウジング

習慣 107
新聞を５分ですべてめくってみる

全体像を
ざっと把握すれば、
分厚い本も
怖くないよね

STEP 02

定期刊行物を「ざっと読む」

雑誌は破りながら

ここからは、各メディアについて具体的にどのようにブラウジングすればいいかを紹介していきます。

・新聞を「ざっと読む」コツ

まず、新聞はざっと目を通しながら、不要なページを取り除いていきましょう。

雑誌や新聞を買っても
読まずに
溜まっていく……

新聞を買ったら、先ほどの「ブラウジング10割」の要領で全ページに目を通し、全面広告やスポーツ、株式など「付き合う必要なし」と判断したページは、どんどん破って捨てていく。

ブランケット判の新聞は縦方向にまっすぐ破れるのでハサミは要りません。後回しにせず30秒くらいで読める記事はその場で読み切って、取り除く。すると「これはちゃんと目を通したい」というページだけが残るので、次に目にするときの楽しみがアップします。

日経や朝日、読売といった大手はページ数が多いため、この作業だけでボリュームが半分から4分の1くらいになる。判断に迷うくらいならどんどん切り捨てて行くのがコツです。

さらに、持ち歩きやすいようにカットします。

1面の下には「サンヤツ」と呼ばれる書籍の広告があるので、ハサミやカッターでこの部分から下を切り落としましょう。ここまで下の部分に記事が載っているケースは少ないものの、読みたい記事が切れてしまわないか確認してからカットしてください。なお、サンヤツは中小・学術系出版社の新作をチェックできる貴重な機会なので、捨てる前にチェックしておくといいでしょう。ちなみに朝日新聞は「今

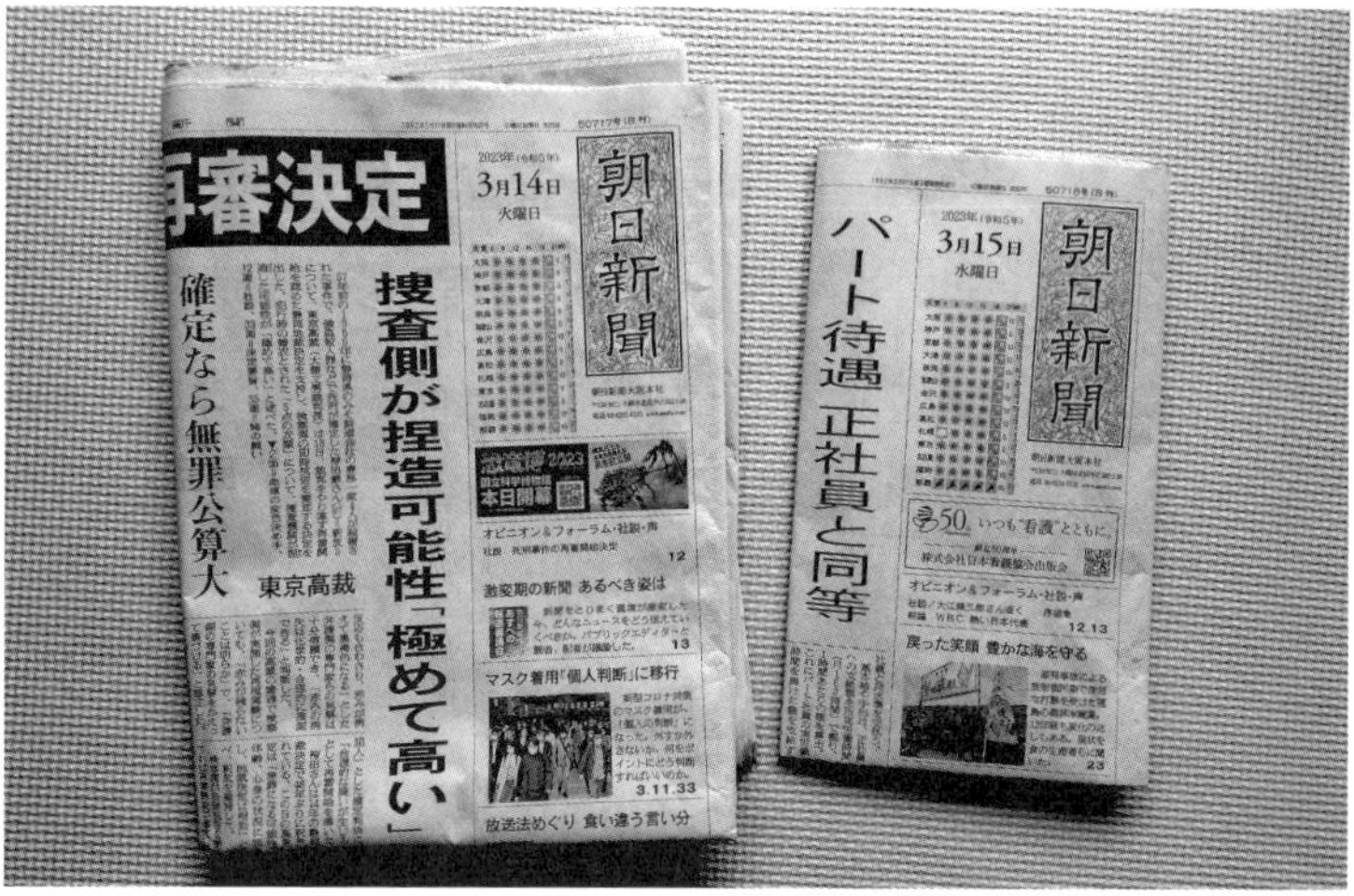

右のサイズまで折り畳んで持ち歩く

日のサンヤツ」をネット上で公開しています。

カットしたら折り目を付け直します。文章にかからないように1段か2段ほど上の段組線で折り直しておく。こうするとコンパクトサイズでも記事が読みにくくならず、電車の中やカフェでも扱いやすくなります。デスク上でキーボードの手前に広げるのにもちょうどいい。持ち運ぶときはこれを3つ折りにします(上画像右)。

これで、デカくて厚い新聞がブックレットのサイズになりました。上着のポケットに入れるのは厳しいけれど、簡単に持ち歩いて読み捨てられるという点では、新書や文庫より気軽です。

さすがに毎日この作業をやるわけにはいかないので、「週イチ買い」（120ページ）のときに試してみてください。ひとまわり小さくなるだけで格段に扱いやすくなることに驚くでしょう。

・雑誌を「ざっと読む」コツ

雑誌も同様に、目を通したページを破り取っていきます。

とはいうものの、雑誌は複数ページにわたる長い記事が多いので、サクサク削るのはなかなか難しい。新聞のように5分ですべてをチェックするわけにもいきません。そこで、目を通しながら雑誌のページを減らしていく「タマネギ読み」を紹介しましょう。

製本形態によって少しアプローチが違います。まず、『文藝春秋』や『中央公論』のように背の部分を接着剤で固めてある無線綴（と）じの雑誌は、まずいちばん前といちばん後ろの見開きを指でぐいぐい広げて、メモ用紙のように簡単にページをめくり取れるようにしておきます。あとは、前からでも後ろからでも、記事に目を通したら破って捨てていくだけ。

普通に前から順に読もうとした場合、負荷の高い記事に出くわしたらまったく進めなくなってしまいます。でも、この方法なら「前がダメなら後ろがある」というわけです。

雑誌というのは、だいたい前半に特集があって、中盤から巻末にかけて見開きの連載やコラムといった気軽に読めるものが集まっています。「前から目を通していくのに疲れたら、後ろで休憩しつつページを減らしていく」のは、雑誌の構成上も理にかなった方法なのです。

中綴じの雑誌からページを抜く「タマネギ読み」

一方、ちょっとややこしいのが「中綴じ」の雑誌です。二つ折りの紙を真ん中でステープラー止めにしてあるもので、週刊誌はだいたいこの方式です。これはさっきの無線綴じのようにページを取り除いていくとバラバラになるので、つながった紙ベースで抜いていきます。たとえば「最初の3ページと最後の3ページ」「真ん中の4ページ」といった具合に、ページが脱落しないように取り除いていく。いちいちつながったページを確認して読んでいくのは少し面倒ですが、うまい具合に真ん中あたりのページをごっそり取り除けたりすると気持ちいい。こちらもやはり、短くて柔らかい記事からやっつけていくのがコツです。

タマネギ読みのメリットは、ただ「荷物が軽くなる」「苦手な記事があってもストップしない」といったことだけではありません。

ブラウジングの作業に張り合いが出るのです。まず、どれだけ処理したのか、残りはどのくらいか、といったことをつかめるので進捗がわかりやすい。また、破り取ったページの束を手に取ることで、具体的な達成感が味わえます。これこそ紙媒体の強みと言えるでしょう。

習慣 109 新聞はブラウジングでページ激減

習慣 110 カットして持ち運びやすくする

習慣 111 雑誌のブラウジングは「タマネギ読み」で

習慣 112 「中綴じ」も「無線綴じ」も前後から削る

「あとでファイル」の活用

ブラウジングに苦戦する場合は、ファイルを使って乗り切ります。

私の場合、2枚のクリアファイルを互い違いに重ねて封筒状にしたものを「あとでファイル」と名付けて持ち歩いています。

ブラウジングが終わっていない雑誌や不要なページを除いた新聞など、「途中のもの」はすべてここに入れて、時間があるときに目を通していく。新聞・雑誌のほか、プリントアウトしたネット上の長文記事、購入するか迷っている家電のパンフレットなども、処理すべきものはなんでも入れる。あとはこのファイルが常識的な量に収まるよう、コツコツ減らしていくだけです。

この仕組みはインターネットのニュースサイトやブラウザにある「あとで読む機能」にヒントを得ました。この「オフライン保存」や「リーディングリスト」とも呼ばれるシステムは、便利そうなものの実際のところうまく活用できません。結局、読まないのです。

原因はまず、無尽蔵に記事をためられるので「処理」を急ぐ必要がないこと。そして、往々にして「クリップする記事の量＞目を通せる量」になってしまうからです。

というわけで、ネットで「あとで読む」をクリックしたくなったときは、ただちに大急ぎで読むか、いっそプリントアウトしてしまうのが現実的です。

いっぽうアナログ式の「あとでファイル」にはこういった心配がありません。仮にどんどん膨張していくとしたら、処理能力を上げるか、受け入れを止めるかしかない。物理的に積み上がってくるから放置できないわけです。

反対に、もしこのファイルがしょっちゅう空になってしまうようなら、購読する雑誌を増やしたり、新聞を追加したりすればいい。ちょうどお風呂に湯を足していくような感覚です。あふれるよりは少し足りないくらいの方が「次に読むもの」を考える余地があっていいでしょう。

「あとでファイル」はただのストック場所でもいいのですが、運用を工夫すればさらに効率的なブラウジングができます。

たとえば、私は次のようなアプローチで毎日ファイルを耕（たがや）しています。

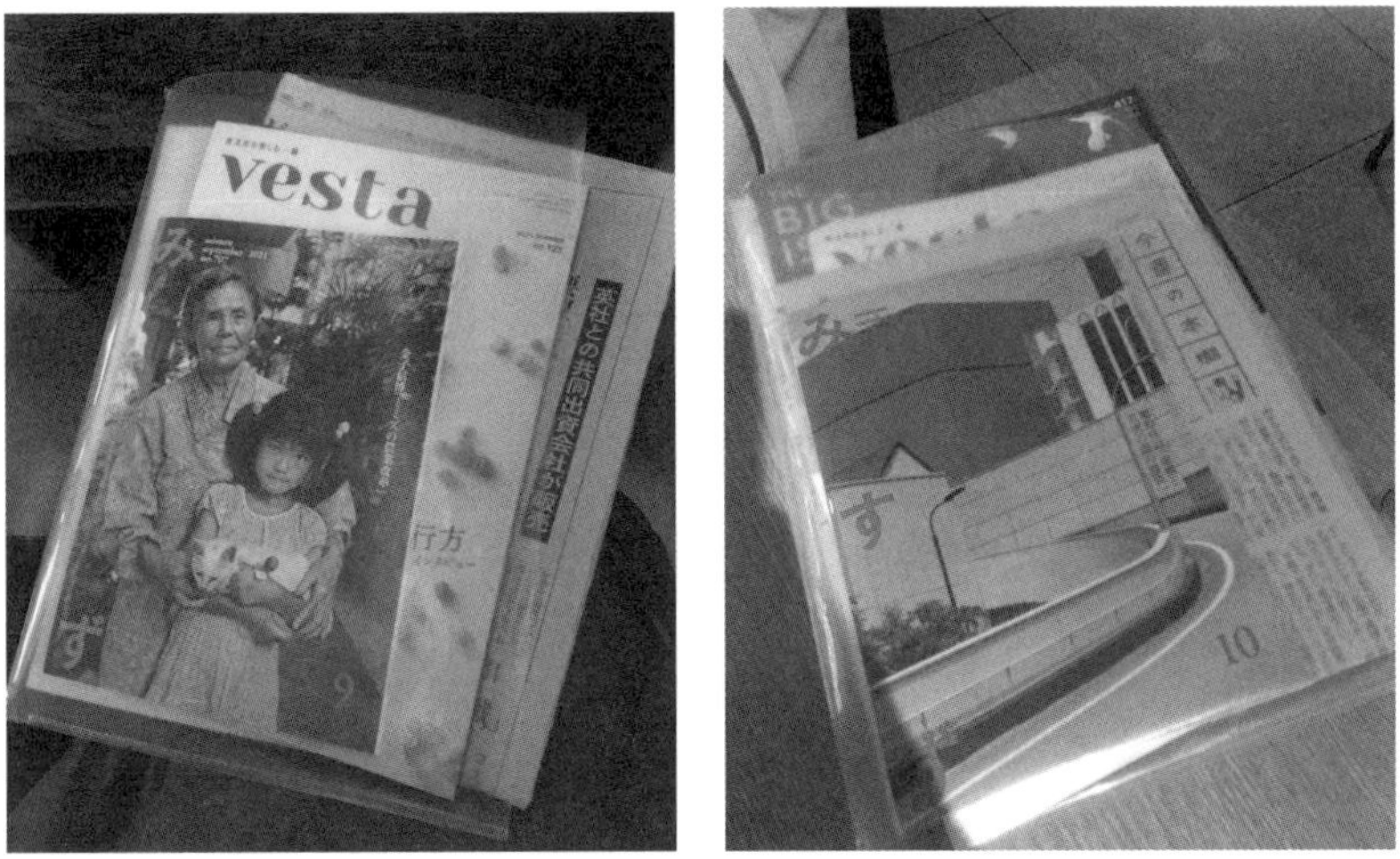

著者の「あとでファイル」

「あとでファイル」の運用法

①手に取るときは必ずファイルの最前面にあるものから

②目を通して不要と判断したものは捨てる（リーディングすべきものはその場で読むか最後尾へ回す）

③まったく読めないもの・面倒なもの・判断に迷うものも最後尾に回してよい

④ファイルに新たに何かを追加するときは最後尾に入れる

たとえばブラウジング処理が終わった新聞は、いったんファイルの最後尾に回しておきます。こうしておくと、この新聞を再び手に取るのは、手前にあるいくつかの雑誌などの資料を片付けてから、ということになる。

これだけ聞くと、すごく面倒で厳格なルールのように感じるかもしれませんが、そうでもありません。

この運用法のポイントは、トランプのような「後回し」の仕組みなのです。

仕事でクタクタになった日に「あとでファイル」を見ると、最前面に日経新聞があって、しかも「ディープインサイト」（長文の経済論説）だけが残っている。こんなときは、いったん手にとって3秒ほど眺めたあと、ファイルの最後尾に回してしまえばいいわけです。

続いて最前面に出てきた雑誌も、かなり負荷が高い、いまは気分が乗らない、といった場合はまた最後尾に回していきます。そして、まともにブラウジングできるものが出てくるまで、この処理を繰り返す。

こうすれば、どんなに疲れているときでも確実に「手に負えるもの」の相手をすることができます。手ごわい奴らは後回しにされただけで、そのうち相手をしなければならないわけですが、また今度、調子がいいときに立ち向かえばいいのです。

このようなファイルを使わずに後回しにすると、だいたい日々のあれこれに埋もれてしまい、それっきりになってしまいがちです。しかし、この方法ならあとで必ず再会できるので、安心してスルーできる。

私の「あとでファイル」からは、後回し処理を繰り返した3カ月前の新聞が出てきたりすることがあります。「さすがにもう手に負えないのでは」という気もするけれど、10回も20回も見ていればだんだん〝顔馴染み〟になって恐怖心がなくなるし、多少は攻略法が見えてくる。最終的にはしっかりクリアしています。

ブラウジングして終わりのものは、もちろん廃棄です。また「今後も目を通せなさそう」「どう考えても関心ゼロ」と判断したものも、その場で捨ててしまってもかまいません。

一方、リーディングするべきだと判断したものはその場で読んでしまってもいいし、ファイルの最後尾に回して機会を改めるのもいいでしょう。疲れているときや心の余裕がないときにリーディングをしても頭に入らないので、どんどん後ろに回してください。

運用のコツは、必死になって取り組まないことです。

読もうとするのではなく「眺めるだけでいい」「触るだけでOK」くらいに考えて、なるべく毎日手を入れるようにする。「取り出してすぐ最後尾に回す」が何日続いても気にしないでください。自分のコンディションや関心度といった局面はどんどん変わるので、いつか必ず目を通せるタイミングはやってきます。

このような考え方で毎日、気軽に触れ続けていけば、ブラウジング処理にリズムが生まれます。週末を使って一気に片付けるのではなく、花壇や家庭菜園のように、毎日少しずつ手入れをしましょう。つまり「あとでファイル」をうまく使えば、大量ブラウジングの負担を軽くすることができるのです。


ネット上の「あとで読む」と同じように「あとでファイル」も膨張しがちです。そして処理能力、つまり日々目を通せる量は（一定レベルまで上達すれば）あまり変わらないので、膨張時には受け入れ量を絞るのが通常のオペレーションとなります。

私の場合、仕事で出ずっぱりになる場合には、週イチで買う新聞を1紙だけにしたり、雑誌が届いたら即座に読まないページを取り除いたりすることでオーバーフローを予防しています。こんなときは処理能力が落ちるのは明らかだからです。

反対に、処理能力がアップするときもあります。出張や旅行などで長距離移動があるときです。特急や新幹線の指定席で「あとでファイル」を広げてブラウジングすると、邪魔が入らないのでひじょうに捗る。目を通したものは手放していけば荷物も軽くなって一石二鳥です。長い移動時間も、ずっと読みあぐねていた記事の相手をすることができると考えれば悪くありません。

この長距離移動のように、しばしば大鉈(おおなた)を振るって大量処理するようにすれば、「あとでファイル」は膨張を制御しながら末永く運用していくことができます。

習慣 113 新聞や雑誌は「あとでファイル」で管理

習慣 114 ファイル内でどんどん「後回し」

習慣 115 手に負えるものだけを相手にする

習慣 116 忙しいときは「受け入れ」を絞る

習慣 117 長距離移動での大量処理

ブラウジング時の〝背伸び〟

では、どんな記事をブラウジングしていけばいいのか。

単に好きなもの、気になったものだけ目を通すのもいいでしょう。ただ、テキストを処理する能力をアップし、知識や関心の幅を広げていくようなブラウジングの仕方、記事選びのコツといったものはあります。

ひとつは食わず嫌いをしないことです。

つまらない、自分に合わない、と思っても一度くらいは読もうとしてみる。どうしても受け付けない、苦痛を感じるといった場合はスルーしてもいいけれど、また同じ分野の記事に出会ったときは、再びチャレンジするようにします。

代表的なものが国際面でしょう。中国やアメリカの話ならともかく、中東やアフリカのニュースがおもしろい、すごく興味がある、という人は少ないと思います。私も昔はそうでしたし、今でもスーダンやレバノンといった馴染みのない国の記事を見ると、無意識のうちに「これは読まなくていいか」とスルーしそうになる。

しかし、こういうときこそ「少しだけ背伸び」です。

何がなんだかまったくわからない話題でも、「とりあえずリード文だけは読んでみよう」「30秒だけ図版や地図を見てみよう」といった具合に、エントリーだけはしてみる。で、歯が立たないなら立たないでいい。「この分野はものすごく手ごわい」といったことがわかるだけでも収穫です。挑戦しなければ何も得られません。

国際ニュースのほか、財政や経済政策の話、法改正の議論、司法の問題といった硬いトピックにも同じことが言えます。

正直、私も政治や経済の分野には、何度読んでもピンとこないケースがたくさんあります。しかし、どんな切り立った崖のような記事であろうと「いちおう取り付いて登ろうとしてみる」というルールだけは守っています。

これをやっておくと、わずかであれ前進することは確かです。3行も読まないうちに根を上げていたのが、だんだん最初の段落くらいは理解できるようになってくる。読もうとしないと読めるようにはならないのです。

時間があるときは、スポーツや趣味など、まったく興味のない分野に触れてみるのもいいでしょう。たとえば、アスリートや芸術家、俳優といったスペシャリストの記事には、職業人として生きていく上でのヒントがあります。

たとえば私は将棋はまったくできないけれど、棋士のインタビューやルポは読むことにしています。研鑽を重ねて地力を養っていくところなど、どこか自分の仕事に近いものがあるような気がするからです。また、伝統芸能や詩歌などを論じた記事は、政治や経済のニュースでは目にしないような表現や言い回しに出会え、語彙を豊かにする効果もあります。

言葉を育てるには雑食がいいのです。紙の新聞は、ネット検索やニュースアプリのように「パーソナライズ」されていないので、まったく興味のない話題が出てくる。どんなに「つまらない」「どうでもいい」と思っても、ひょっとしたら自分の世界を広げるためのきっかけになるかもしれません。軽い気持ちで、とりあえず口に入れてみましょう。

あとは、見栄を張ることも大切です。頭が良さそうと思われたいから国際政治のオピニオン記事を読むとか、仕事がデキそうな雰囲気が出せるから経済評論をデスクに広げるとか、こういうのはくだらないようで重要な心がけと言えます。

政治や経済がよくわからない、歴史や文化の話についていけないといった悩みを持っている人も多いでしょう。そういったコンプレックスは、むしろチャンスです。アカデミックな分野に立ち向かう動機になってくれます。

新聞紙面には、時事用語や国際問題などの解説コラムがよく載っています。ああいうのもチェックした上で、さらに「入門ツール」として使いこなしていきたいのが社説です。

社説は「国会で議論を深めるべきだ」といった話ばかりと思われがちですが、じつは現在進行中の問題についての「これまでのあらすじ」になっているのです。つまり、時事問題にキャッチアップするのに使える。

だいたいロングスパンでこれまでを振り返った上で現状を分析して、さまざまな論点を整理した上で「うちの意見は……」といった流れになっているので、前半がとくに大切です。忙しいときは冒頭だけでもチェックして、「現在のイシュー」をつかんでおきましょう。

習慣 118 とっつきにくいテーマでも一応チャレンジ

習慣 119 興味のない分野から知見を広げる

習慣 120 知的コンプレックスを動機にする

習慣 121 社説は「これまでのあらすじ」として読む

新聞・雑誌だからといって
早く読む必要はないよ。
「あとでファイル」を
有効活用してみて

STEP 03

書籍を「ざっと読む」

目的は「愛読書との出会い」

慣れてくると本もブラウジングできます。ただし、なんでもやればいいというわけではありません。

あとで出てくるエピソードやキーワードを拾ってしまうと、ページをめくっていく楽しみが減ってしまうので、やらない方がいいこともあります。

私はほとんどの場合、まず「目次」に目を通して「まえがき」や「あとがき」を先に読んだら、あとは普通に前から順に進んでいく。どうしても頭に入ってこない本だけ、先の展開を「下見」したり、次の章まで駆け抜けたりと、ブラウジングを使って読みこなします。

本書の冒頭の「5つの約束」で言ったように、「通読」や「読破」といった観念はないので、前半だけ読んでやめたり、途中を飛ばしたりすることにためらいはありません。というより、本を読むのは「ずっと付き合える愛読書を探す行為」であって、すべてを読む必要はないのです。

何ページか読んだだけで「これは手元に置いておきたい」と感じる本もあれば、最後まで読んで「もう読み返さなくていいな」と思う本もあります。

私の本棚には、辞書のように折に触れて開いているけれど、じつは一度も最後まで読んだことがない本もたくさんあります。それでいいのです。もちろん中身も大事ですが、装丁が好きだとか、登場人物のセリフがカッコいいとかいった「愛読書」もあっていい。

言い換えれば、本は「長く付き合えるかどうか」が大事であって、読むのはそれを判断するための「お見合い」のようなものです。

読んでおもしろいか、役に立つか、手元に置いておきたいかといったことは、それぞれ別の問題であり、「ほとんど読まないけれど近くに置いておきたい本」というのも出てくるのです。

そんなわけで、私は年に何冊かの「ずっと付き合いたい愛読書」に出会うことを目的に本を読んでいます。

こうなると逆説的ですが、できるだけたくさん本に触れなければなりません。いちいち数えていないものの、ひと月に触れる本の数は数十冊になるでしょう。気になった本は片っぱしから図書館で借りるので、いつも返却期限に追われています。

また、新聞や雑誌のような時事的なテーマの本の中には、短時間で内容をざっとつかみたい本もあります。こういうときは、目次やまえがき・あとがきのチェックに加えて、章単位でのブラウジングをします。例外はあるものの、だいたい現代の話題を扱った本は、前半に要点が集まっているので、最初の2、3章をパラパラめくっていくと全体像がつかめます。

「なるほど、著者はこういうことを言いたいわけか」と思ったら、最後の章をブラウジングして、見立てが間違っていないことを確認します。

この段階で、お付き合いを終わりにしてもいいし、いい本ならリーディングに切り替えて前からじっくり読んでいく。

もし思っていた内容と違うのなら、前半のブラウジングをもう一度やるか、中盤くらいまで目を通してみて、見立てを修正します。

これを繰り返しても、終盤へのつながりが見えないなら、その本はおそらく理解するのにリーディングが必要な本です。時事テーマの本には少ないけれど、歴史の本や科学啓蒙書のなかには、小説のようにストーリーや謎解きといった段階を踏んで結末に至るものもあります。

また知識の本には、何かの答えを求めて当たるケースもあります。たとえば旅行記の中で食べ物に関するところだけちゃんと見ておきたい、中国史の概説書の中で異民族が果たした役割を復習しておきたい、といったように「特定のトピック」だけ目を通していくような場合です。

もちろん目次や索引もチェックしますが、役に立たないときには、最後のページから逆向きにブラウジングしていくのもいい方法です。

前からめくっていくとつい読んでしまったり、展開に引き込まれてしまったりしがちなのに対し、後ろからなら「流れ」に惑わされず、字面を概観し、ページ内にどんな言葉が出てくるかに集中できる。そして関心のあるワードが出てきたら、その場でリーディングしたり、付箋を貼っておいたりしておきます。全体的な内容より「どのあたりでどんなトピックを扱っているか」をキャッチしたいときに便利なテクニックです。

習慣122 「下見」としての書籍ブラウジング

習慣123 ためらいなく堂々と読み飛ばす

習慣124 「愛読書探し」のためにもどんどん飛ばす

習慣125 「逆ブラウジング」でキーワード確認

STEP 04

デジタルを「ざっと読む」

電子版は「読み飛ばし」用

電子コンテンツは、全体的にブラウジング向きです。
逆に言えば、リーディングには向いていません。

紙の新聞はブラウジングして「おや?」という記事だけじっくりリーディングする、といった状況があるけれど、デジタル版はこれがやりにくい。モニタは、

電子コンテンツって
どうやって
読めばいいの?

SNSのタイムラインなど短い文章をパッパッと見ていくのには適しているけれど、長文をじっくり読むには不都合なのです。それでもリーディングしたければコピー用紙に印刷するか、コンビニ購入で「紙チェンジ」した方がいいでしょう。

しかし、効率よく大量にブラウジングしたい場合、デジタルはひじょうに便利です。デジタル版なら新聞や雑誌をいくら定期購読していても、積み上がってしまうことがない。インターネットさえつながれば、海外旅行中でも船の上でも「朝刊が届く」わけです。

電子版の新聞・雑誌・書籍、webサイトなどのデジタルコンテンツはすべてパソコン上で見る、という話は第1章でしました。ヒマ潰しにアプリでニュースを見るくらいならスマホやタブレットでもいいけれど、大量のコンテンツに目を通してピンとくるものを見つけるためには、だんぜんPCが有利です。

私は13インチのMacBook Airを愛用しています。このサイズだと、電子版の新聞を見開き表示にしても、見出しくらいなら普通に読める。1ページごとに画面の横幅に合わせて表示すれば、現物よりかなり小さいものの、いちおうブラウジングできます。

スマホでも同じようなかたちで表示させることはできますが、文字が小さすぎて読めない。dマガジンなどの雑誌読み放題サービスも同じで、スマホの専用アプリで読むよりPCの標準ブラウザで見た方がだんぜんラクです。

そんなわけで、平日はだいたい「あとでファイル」とMacBookを持ち歩いて、休憩時などにちょこちょことブラウジングしています。スマホは私にとって読む端末ではなく娯楽ツールであり、PCが使えないときの予備手段です。

ところで、電子コンテンツのブラウジングには大きな問題があります。どうやって「あとで読む」のか、です。紙媒体のようにページを破って「あとでファイル」に入れておくわけにはいきません。かといってブックマークなどに残しておいても結局スルーされる。

対処法のひとつは、その場で決着させることです。ブラウジング中にピンとくる記事があったら、その場で最後まで読んでしまう。ただ、これは慣れていない人にはかなり高度だし、時間の余裕がないとできません。

そこで活用したいのが、PCの「スクリーンショット機能」です。

ブラウザで電子版の紙面を見ていき、気になる記事が出てきたらショートカットキーで「撮影」し、画像データとして保存しておきます。これは、メールで送ったりブログやSNSにアップしたりしない限り、著作権法上で認められている「私的利用の複製」です。ただ、サービスによっては利用規約で「あらゆる複製を禁止する」としているケースもあるので、ちゃんとチェックして、わからないときは問い合わせてみてください。

たとえば私は、電子版の新聞を次のようにブラウジングしています。

電子版紙面のブラウジング手順

①画面上に1ページの3分の2くらい表示されるように拡大(縮小)する
②ページを1枚ずつめくっていき、気になる記事は「矩形範囲スクリーンショット」で保存
③スクリーンショット画像の保管フォルダを開き、画像ビューアで記事に目を通していく

こちらも1、2分で読める記事は、スクリーンショットに頼らずその場でやっつけてしまうのがコツです。この方式で、私はだいたい毎日5~10くらいの記事を読んでいます。MacBookのタッチパッドは拡大やスクロールといった操作がラクで助かります。

また、この方法だと連載を追うのも簡単です。

有識者の寄稿やインタビューなどでは、「上」が掲載されて何日も経ってから「下」が載ったりして「前は何の話だったっけ？」となることも珍しくありませんが、スクリーンショットを撮っておけば、上下まとめて目を通すことができる。私は全×回の連載シリーズなどはフォルダを作って、記事が出るたびにその中に放り込み、連載が終わったタイミングで一気に目を通しています。

国際政治や経済、法律などの手ごわい記事は、印刷して読むこともあります。新聞記事は大きいものでも紙面の3分の1程度で、しかも長方形なので、A4のコピー用紙にプリントするのに都合がいい。

なお、文字をくっきりさせたいときは画像を加工するといいでしょう。モニタ上で読む場合だけでなく、紙に印刷するときでもコントラストやシャープネスを強めにすると文字が判読しやすくなります。

どうしても時間がないときは「見開き表示」で、パッパッと見ていって終わりにします。これだと記事中の文字は読めないものの、見出しや写真はわかるので、どういう記事かくらいはわかる。日刊紙で「あとでまとめて目を通そう」をやってるとすごい量になってしまうので、バタバタしているときはいつもこれです。4分の

1くらいの縮小表示でもなんとなくわかる新聞紙面だからこそできる最速のブラウジングです。

習慣 126
PCのモニタ上で新聞をめくる

習慣 127
「あとで読む」ためのスクリーンショット

習慣 128
じっくり読みたい記事は紙にプリント

サブスクは「深追い禁止」

電子新聞が意外と目を通しやすいのに対して、扱いに困るのがデジタル版の雑誌です。

代表的なものが「雑誌サブスク」ですね。

雑誌の読み放題サービス「dマガジン」や「楽天マガジン」は、スマホやタブレット、PCのブラウザ上で紙バージョンとほぼ同じ誌面を見ることができます（一部カットされている場合もあり）。月額は数百円で1000誌以上の雑誌が読める（2023年1月現在）という点ではすばらしいものの、快適に読めるかというと「かなり厳しい」と言わざるを得ません。

たとえばB5版の週刊誌を見開き表示するとB4サイズなので、13インチのモニタ（ほぼA4サイズ）では縮小表示になってしまいます。この場合の文字サイズは判読できるギリギリの大きさで、読もうと思えば読めるけれどかなり目が疲れる。だからといっていちいち拡大させるのも面倒だし、読むために大型の端末を持ち歩くというのも……。

そんなわけで、雑誌のデジタル版は新聞以上に「割り切り」が必要です。しっかり相手をしたい雑誌は紙で購読すべきであって、電子版は「ざっと見るためのもの」と考えるようにしましょう。

具体的には、見開き表示した誌面をデジカメ写真のスライドショーのようにパッパッと見ていきます。雑誌の場合、新聞のような大きな見出しは少ないので内容はつかみづらいけれど、いちいち立ち止まらず、1ページ3秒くらいで見ていく。

そして「これはしっかり読んでおきたい」といったものが出てきたら、「お気に入り」や「チェック」「しおり」「クリッピング（アプリ版のみ）」などの機能で保存して、時間があるときに開くようにします。ただし「ちょっと気になる」程度の記事にこれをやっているとすごい量になってしまうので、禁欲的にやってください（私もよく増えすぎて手に負えなくなります）。

結局のところ、雑誌をモニタ上で読むのはストレスが大きいので、「平日は電子、休日は紙」というくらいがちょうどいいのかもしれません。

私の場合、平日はPCで雑誌サブスクを使い倒しているけれど、休日はほとんど触りません。休日発行の雑誌は少ないので土日はチェックしないでいいのです。代わりに紙の雑誌をブラウジングしたり「あとでファイル」を耕したりと、比較的エネルギーを使わないブラウジングをするように心がけています。

サブスクの場合、1日に20誌以上もの雑誌の新刊が出ることがあります。こういうのをくまなくチェックしようと思ったらものすごく時間と労力がかかってしまうので、多少の「取りこぼし」はあきらめてください。ぜんぶ目を通さないと損をするような気がするけれど、それは不可能です。

もし何度も手が止まってしまうほどいい記事がたくさんあるなら、深追いせずに潔く紙の購読に切り替えましょう。第2章で述べた「紙チェンジ」です。

私の場合、コンビニに並んでいるような総合週刊誌や女性誌のほか、『ニューズウィーク』『東洋経済』などを中心にチェックしています。

ふだんは1冊の雑誌を5分くらいでブラウジングしていますが、時間がないときは前半の特集記事を飛ばして、後ろの方だけ目を通すことにしています。

週刊誌というと「芸能ゴシップやスキャンダルの話ばかりなんでしょ？」と思うかもしれませんが、『週刊新潮』や『週刊文春』の終わりの方にある、連載エッセイやコラム、書評などは、雑学が身につくし本探しの上でも役に立つ。とくに長文の書評や著者インタビューは、その本を読む上での格好のイントロダクションになるので大切です。

なお第2章でも述べたように、「dマガジン」にない雑誌が「キンドル・アンリミテッド」で読めたり、その逆だったりといったケースもあるので、幅広くチェックしたい人は複数のサブスクを併用するといいでしょう。紙の定期購読に比べれば安いものです。

習慣 129
雑誌サブスクは
スライドショー感覚で

習慣 130
本気で読みたい記事だけ保存

習慣 131
読みたいページが多いときは
「紙チェンジ」も検討

習慣 132
週刊誌の後半は要チェック

電子コンテンツは
できるだけ
大きい画面で読もう

第4章

「収束」の習慣

――“壁”を乗り越えるリーディング

「ざっと読む」ブラウジングを身につけたら、
いよいよ「ちゃんと読む」リーディングの出番です。
あなたにとって本当に必要なものだけを、
じっくり味わうように読む。
それがリーディングです。

STEP 01

「ちゃんと読む」の基礎理論

リーディングを支えるもの

ここからリーディングの話に入ります。

先ほどのブラウジングは「何について」「どんな趣旨か」をつかむことによる「ふるいがけ」の工程でした。続いてリーディングでは、通しで読んで内容を理解し、自分なりの咀嚼をしていきます。言い換えるなら「吟味（ぎんみ）」です。

繰り返しになりますが、「読む」上で肝心なことはブラウジングとリーディングの

慣れてないから、じっくり読むのは疲れるよ

使い分けです。

朝刊の記事をすべて読んでいては生活できないし、買った本のページを飛ばさずに一言一句を目で追っていては、本当にじっくり付き合うべき本に出会う機会が失われてしまう。余計なものをバサバサと切り落とし、本当に読むに値するものだけに腰を据えて向き合う――。そんなリーディングは、徹底的なブラウジングによって可能になるのです。

ついでに言っておくと、全部ブラウジングで済ませることこそ、ビジネスセミナーなどで流布（るふ）している「速読法」です。

ブラウジングでもおおまかな内容くらいは把握できるので、一見、忙しい現代人にとって合理的な読み方に思える。ところが、これには弱点があります。

理解が中途半端で、しかもまるで定着しないのです。

ブラウジングで処理した文章は、次の日にはもう思い出せない。一夜漬けの試験勉強のようなものです。会社の資料などに目を通してコメントするといったケースならいいのかもしれないけれど、仕事や生活でひとつ前に進むために何かを読むなら、正しい理解とある程度の定着は不可欠です。

つまり、ちまたで言う速読法、すなわち「リーディングなきブラウジング」は無意味なのです。

さらに言えば、ネットを見ても何も残らないように感じるのも、すべてブラウジングで読んでいるからでしょう。昨日の朝ごはんも思い出せないのが人間ですから、「パッと見ただけで頭に入る」なんてことはありえません。

対して、これから語る「ブラウジングに支えられたリーディング」は、それなりに時間はかかるけれど、そのぶんしっかり頭に入る。仕事が忙しいときはリーディングするものを絞り込めばいいし、そうでないときはブラウジングの網を緩めたり、負荷の高いものにチャレンジすることも可能、といろいろ調節も利きます。

そんなややこしい工程を踏まず、パラパラめくりながら要所だけをきっちり読んでいけばいい、と思う人もいるかもしれません。いわば「ブラウジングしながらのリーディング」です。

ただ、これはかなり高度な技術であって、いきなり習得することはできません。最終的にこれができるようになるためにも「ブラウジングでバサバサ切っていく」「生き残ったものをリーディングする」と、丁寧に段階を踏んで身につけていく方がいい。

コツは「拾い上げる」のではなく「削り出す」ことです。

大事なところをピンポイントで探し出そうとするのではなく、余分なものをひたすら除外していく。そうすれば、おのずと「リーディングすべきもの」が浮かび上がってくる。この〝刈り込み〟を徹底的にやることで、リーディングの下準備も整います。ただテキストの量が減るだけでなく、表面的な内容の把握も進むので、いきなり前から順に読もうとするよりずっと頭に入りやすくなるのです。

私の場合、「ブラウジングしながらのリーディング」もできるけれど、こちらの2段階の読み方をずっと続けています。ちょっと面倒だけど結果的にラクで、続けやすいからです。

新聞や雑誌はページを破り取ることで物理的な刈り込みができます。書籍の場合は（べつに破ってはいけないわけではないけれど）、付箋などを駆使して除外したページがわかるようにしておきましょう。詳しくは後述します。

習慣 133
充分に絞り込んでからリーディング

習慣 134
「抜き出す」より「削り出す」

習慣 135
面倒でもきちんと段階を踏む

記事は「型」で読みこなす

ブラウジングからリーディングへ。その具体的な技術の説明に入ります。

リーディングはいわば「普通の読み方」です。飛ばさずに前から順にテキストに目を通していく。

つまり小学校の国語の授業で習ったことに過ぎないわけですが、上手い・下手はあります。ある人は日経の長い記事を5分でリーディングできるのに、別の人は15分もかかる。こういう現象が起きるわけです。たった10分の差ですが、積み重なるとひじょうに大きい。

「頭の回転」もあると思います。頭のいい人は話の飲み込みも早いわけで、ややこしい文章でもさっと理解できるでしょう。ただ「頭をよくしてください」なんてことを言っても仕方ないので、凡人でもリーディングの速度と精度を高められるコツやヒントを紹介していきます。

もっとも大事なことは文章の「型」を見抜くことです。型がわかれば、先に続く展開やアップダウン、着地点まで予測できるので、少ないエネルギーで効率的なリーディングができるようになります。

文章の型1．重要事項から枝葉末節へ

いちばんわかりやすいのが新聞記事です。新聞のストレートニュース、つまりコラムやインタビューではなく事実を伝えるための記事は、どの社であろうと徹頭徹尾、「大事な情報から伝える」という型を守っています。

言い換えれば、前から順に、もっとも重要なこと→次に重要なこと→その次に重要なこと、と続いて、最後は「余談ですが」「ちなみに」といった話になるわけです。「重要事項から枝葉末節（しようまつせつ）へ」といった文章の型は、ビジネス文書でもよく使われますが、新聞記事はそれをもっとも突き詰めた典型です。

この型を頭で理解するだけでなく、皮膚感覚としてつかんで腹に入れていると、記事のブラウジングだけでなくリーディングも圧倒的に速くなります。また、日々この「型」を意識しながら読みこなしていくうち、自分で文章を書くときもこの組み立て方を使いこなせるようになる。

業務連絡のメールや説明資料など、この「重要事項から枝葉末節へ」の型はとて

もよく使うので、ぜひ体得してください。業務上のメールが劇的に伝わりやすくなります。

まずは、新聞の小さな記事の最初の段落だけ読んでみましょう。これで「じゅうぶんわかった」と思ったら、もうその記事は読まなくてもいいことを意味します。

たとえば「男性刺殺、女を逮捕」という記事を見て、「なんで殺したのかな?」と興味を惹かれたとしましょう。

最初の1段落目に「交際をめぐるトラブルがあったと見られる」とあって納得したら、もう続きを読む必要はありません。仮に「何があった? 浮気か? カネか?」「二人はどんな関係だったんだろう?」「どこをどんなふうに刺されたのかな?」などと思ったら、最後まで読む必要があるかもしれません。

つまり、この「重要事項から枝葉末節へ」の型で書かれた文章は、「いつ席を立ってもOKな文章」と言えます。小分けパックされたお菓子のように「食べたいだけ、どうぞ」と言っている。時間のない読み手に配慮した型です。

いっぽう「リード文」がある大きめの記事はちょっと複雑です。

リード文とは、本文の前に添えられている「前置き」や「つかみ」の文章のことで、長い記事によく付きます。新聞の場合はそこだけ段組みをまたいでいたり、横書きになっていたりして、末尾に《(ロンドン・奥野宣之)》といった具合に署名が付くパターンも多い。

このリードは最初に置かれていても「もっとも重要な事項」ではなく「本文の概要や予備知識」であって、メインはあくまで本文です。「この記事は何の話なんだろう?」と思ったときには役に立ちますが、見出しなどからおおまかな趣旨がわかるときは飛ばした方が時間を節約できます。

できるだけラクをするためにも、ぜひ型をつかんでおきましょう。

習慣 136 記事の「型」をつかめばラクに

習慣 137 見抜いた段階でどんどん飛ばす

習慣 138 リード文付きの記事には要注意

書評やインタビューの型

ストレートニュースほど厳格ではないものの、新聞では社説や論説でも多くの場合、この「重要事項から枝葉末節へ」の型は守られています。

例外は書評やインタビューで、こちらは読み手の理解を助けるために、テーマやその背景についての説明、話者（著者）の経歴やプロフィールなどから始まるのが定石。つまり「概要から詳細へ」という型です。

文章の型2．概要から詳細へ

書評を例に取ってみましょう。最初に書かれているのは「作品概要」です。フィクションならミステリなのかSFなのか、長編か短編か、ノンフィクションなら調査ものか体験ルポか、それに判型や図解の有無といったことを踏まえつつ「何についての本か」「どんな趣旨か」を説明しなければなりません。マンガや写真集でなければ、さらに「書き手の経歴」も必要です。

たとえフィクションであっても、国籍や年齢、性別すらわからない人間が書いたものをなかなか読もうとは思わないでしょう。本の概要と著者プロフィールは切っても切れない関係にあります。

以上のように作品概要を語ったら、次に伝えなければならないのは「魅力」です。

ここは「題材がユニーク」とか「文章が上手い」とか、評者によって感想はさまざまですが、いちばん大事なことは「この本は××だから読んでほしい」といったメッセージです。「従来の常識を覆す示唆に富む論考」とか「SFやファンタジーといったジャンルを超えた斬新なストーリー」とか、とにかくこれまでになかった画期的な作品だということを強調しなくてはなりません。そもそも、よくある本なら書評で取り上げる意味がないわけですから。

さて、ここまでいったら、後はほぼ「自由記述欄」です。「これを現代において読む意義とは」と展開していってもいいし、「この表現に注目してほしい」と引用してテキストの魅力を語るのもいい。「個人的には△△についての記述に深く得心した。じつは、私が10年前にニューヨークに行ったとき……」といった具合に、評者が前に出てくるのもアリです。

つまり、書評の多くに見られる型「概要から詳細へ」は、①作品概要、②魅力、③その他、と三段階に分かれています。

ここまで言えばもうおわかりでしょう。①を読んでピンとこなかった場合、②③は読まなくていい、「スッパリ捨てろ」というわけです。

そこそこ興味があるなら②まで。③はすごく惹かれるものだけでいい。ただ実際には、新聞書評の書き手にもこの型を使わない人もいるし、使っていてもそれがわかりにくい人や、①②をまぜこぜにやってしまう人もいる。①の前にリード文のような問題提起の文章を入れる凝り性な評者もいます。とはいえ、この「概要から詳細へ」が圧倒的なシェアを持っていることは間違いありません。

また、この型は自分が好きな本や映画を人に伝えるときにも重宝します。

私は「芸がない」とか「ベタだ」とか言われようが、書評を書くときは必ずこの型を使うことにしています。これを使えば筆が進みやすい上に、読み手にとっても親切だからです。「書評を書け」と言われると大変そうだけれど、まず前半で「作品概要」を説明して、後半で魅力を語ればいい、と考えるとかなり気が楽ですよね？

なお、週刊誌のゴシップ記事や情報誌の特集などにも「型」はあります。識者のコメントを中盤に挟んで中だるみを防いだり、終盤に異論を紹介して誌面に深みを演出したり、といった工夫です。ただ、こういうのは先に挙げた型ほどは

書評は３つに分けて読む

『図書館「超」活用術—最高の「知的空間」で、本物の思考力を身につける』奥野 宣之【著】

①作品概要

本書は、図書館を使い倒すための具体的なテクニックを紹介したもの。図書館ヘビーユーザーであり司書の資格も持つ著者が、答えのない問いに立ち向かう現代人のための「情報空間の歩き方」を語っている。表紙は少しハードなものの、文章はやわらかく図版や写真も多いので、初心者や中高生にもオススメだ。

②魅力

この本のユニークな点は、図書館を単なる本の閲覧・貸出サービスではなく、特別な「場」として捉えていること。一般的に、図書館活用といえば文献調査、つまり「資料の探し方」に重点が置かれているのに対し、この本は新たな発想や思考に至るための「知的自由の追求」に力を注いでいる。

③その他

著者によれば、市町村の小さな図書館も、使い方次第では仕事や生活における強力なサポーターになるという。私のように都道府県や政令市の大図書館にアクセス困難な人間にとっては、まさに福音と言えそうだ。

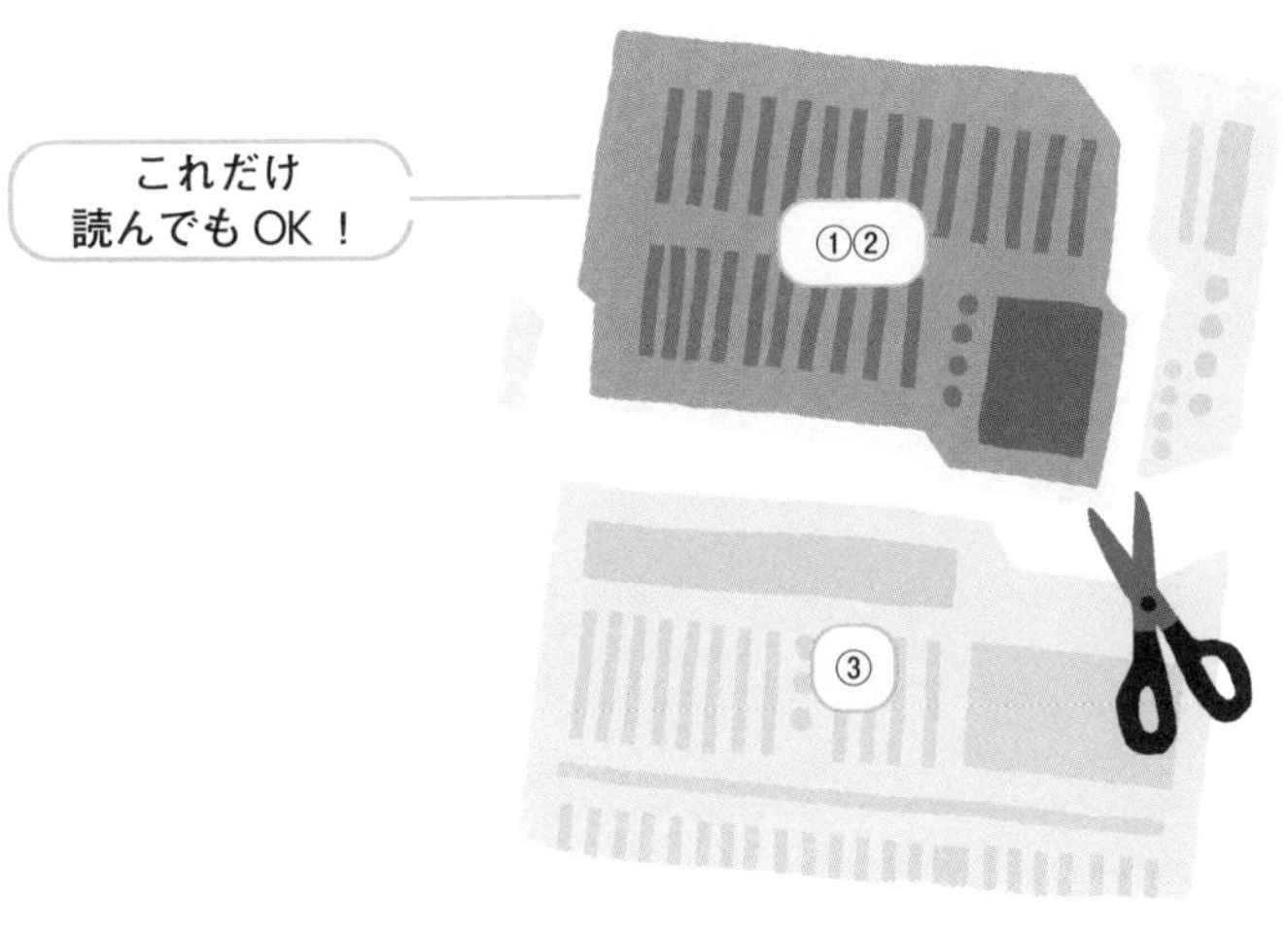

お目にかからないし、身につける意味もないので、わざわざ学ぶ必要はありません。多様な媒体でさまざまな文章に触れていれば、自然と見破れるようになってくるでしょう。

習慣139 書評は「内容紹介＋α」として読む

習慣140 惹かれれば「魅力」の説明まで

習慣141 概要でピンとこなかったら残りは捨てる

習慣142 自分が書くときも積極的に「型」を使う

生活の中に「読み切り」を

ブラウジングはやかましい家の中でもテレビを付けたままでも一応できます。対して、リーディングになると集中力が必要です。なるべく静かな場所で、試験のように取り組んでください。

といっても何時間も机に向かえ、という話ではありません。移動中や人を待つあいだなど、日常のスキマ時間の一部をリーディングに充てればいいのです。

むしろ、リーディングは長時間できないと考えておくべきでしょう。

たとえば、空港のフライト待ちの2時間でたくさん読もうと思ったら、ブラウジング90分・リーディング30分あたりか、もっとブラウジング多めくらいが現実的です。リーディングはエネルギーを使うし、集中力が切れた状態で無理に続けても意味がない。つまり、リーディングに最適なシチュエーションとは、次のような「邪魔の入らないスキマ時間」なのです。

- **移動中に「電車が来るまで10分あるから、この書評を読んでおこう」**
- **病院で「呼び出されるまで15分くらいかな。じゃあこの長い論説を片付けるか」**
- **出張中に「目的地に付くまであと30分。よし、残りはこの本に集中するぞ」**

ポイントはどれも時間制限があることです。人間は時計を見ながら「30分でやるぞ」と思っても、なんとなく腰が重くなってしまうし、制限も「まあいいか」となりがちですが、こういう状況ではリミットが来たらやめるしかない。つまり、テスト中のような集中力を発揮しやすいのです。

だから私は、役所での手続きや飲食店でのテイクアウト待ちなど、座って待つ場面が出てきそうなときは、必ず少し手強い本やブラウジング処理の終わった新聞・雑誌を持っていくことにしています。たとえば、読みたくないけれど知っておく必要のある「××法改正のポイント」といった記事が最適です。

とくにいつ呼び出されるかわからないときほど、無意識のうちになるべく多くリーディングしようとするので、パフォーマンスが上がる。呼ばれても気づかなかったりするのがちょっと困りますけど。

のんびり読むより、やや焦っているくらいの方が頭に入ります。

これは寿司屋の大将から聞いた話ですが、人間は少し緊張している方が感覚が鋭くなるそうです。だから寿司職人はちょっと怖そうな雰囲気を出したり、客にわざと刃物を見せたりする。完全にリラックスしていては料理の味がわからない、とのこと。ひじょうに納得のいく話でした。

また「少し焦って読むこと」はトレーニングになります。

同じ距離でもウォーキングよりランニングの方が高負荷になるのと同じで、限られた時間で読み切ろうとすれば力がついてくるのです。感覚的にテキストの勘所をつかめるようになり、リーディングの速度はじわじわ上がる。ランナーのように自己記録を更新していく必要はないけれど、「何もしてない人よりは速い」というレベルを維持するためには、常に軽く負荷をかけておく必要があります。

ほとんどの場合、こういった空白の時間はスマホが担当しているでしょう。私も疲れているときはバカな動画を見て笑っています。

それでも、一日一回は「××までにコレを読もう」と決めてリーディングすることで、なんとか〝体力〟を維持できている。なんだか面倒な話に聞こえるかもしれませんが、しっかりブラウジングしていれば、目の前にあるテキストが読むに値することは明らかなので、前向きに取り組めるのです。

なお、リーディングに要するエネルギーは、対象となる記事や書籍の「負荷の高さ」によって変わります。

まず単純にいって、短いものより長いものの方が、負荷が高い。長編小説が好きな人でも、子供のころは短編やショートショートを読んでいたのではないでしょうか。大人になってからも同じで、長い記事より短い記事の方がラクに読めて、ハードカバーで2段組の大著より、大きな活字の文庫本の方が気楽に手に取れるのは変わりません。

「負荷の高さ」の概念図

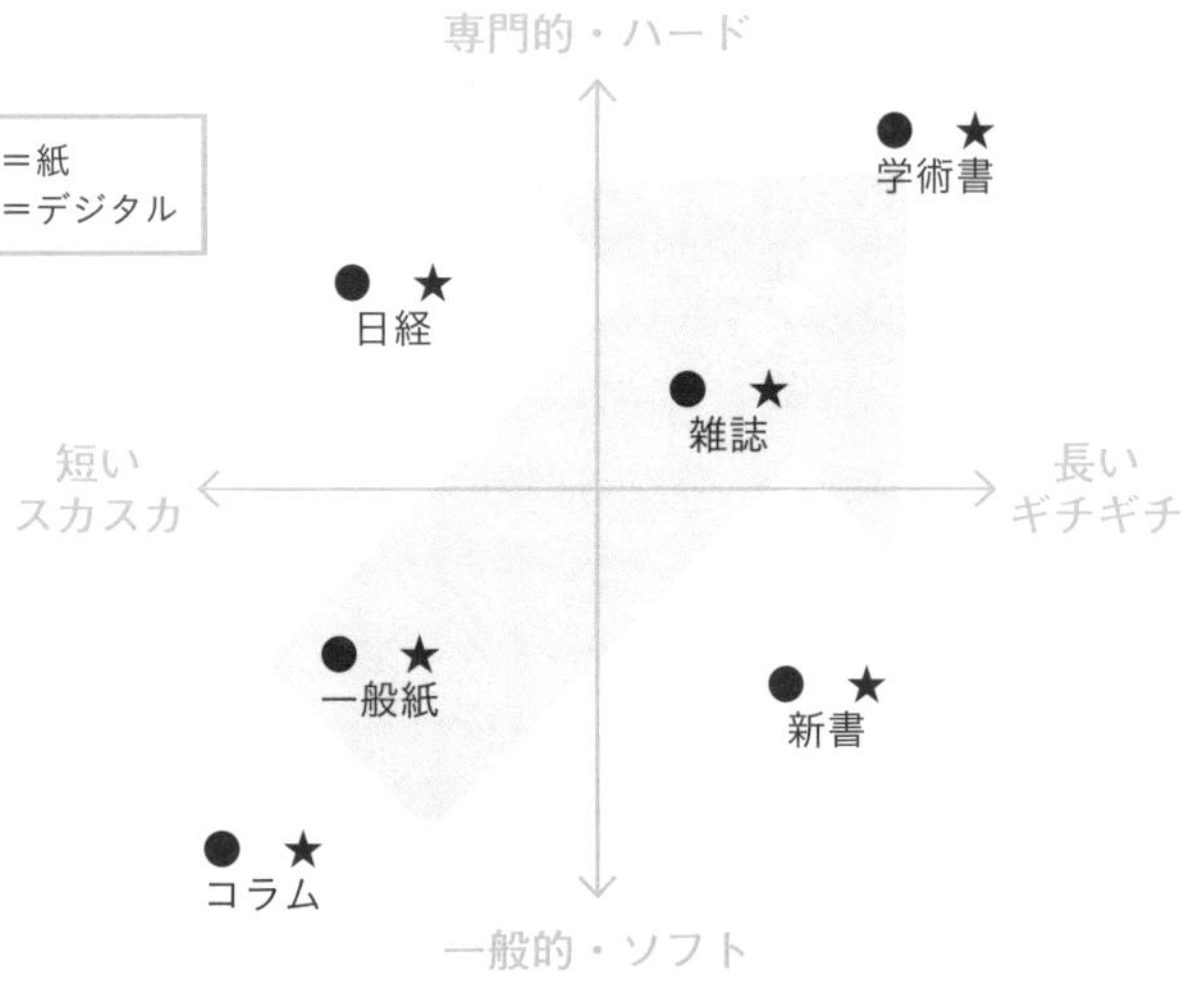

内容の面で負荷が高いのは、専門的な記述だったり、テキストが古かったり堅苦しかったり、といったものです。

いま読んでいるこの本より医学の専門書や中世の哲学書の方がラクだ、という人はいないでしょう。もちろん、日ごろからそっち方面の知識が必要な仕事をしている人なら「気晴らしに経済学書をよく読む」といったケースもあるかもしれませんが、基本的に「難しくて専門的な文章」はしんどく、「やさしくて一般的な文章」はラクなのです。

さらに私の感覚では、まったく同じ紙面を紙とデジタルでリーディングする場合、デジタルの方が高負荷です。

文字の大きさや行間を変更できる電子書籍だと、うまく調節してやると「紙より読みやすいかも」と感じることもあるけれど、固定レイアウトだと、明らかに紙の方が疲れにくい。「老眼だからモニタ上で拡大表示したい」といったケースを除けば、紙を選ぶ方がエネルギーを節約できるでしょう。

習慣 143
リーディングは短時間集中で

習慣 144
わざと「試験中」のような状況をつくる

習慣 145
緊張感でパフォーマンスを上げる

習慣 146
長短・硬軟といった負荷を意識

習慣 147
負荷を下げたいときは「紙」を選ぶ

型にはめて読めば、
ハードルは
ぐっと下がるね

STEP 02

定期刊行物を「ちゃんと読む」

「切り出し」で負荷軽減

ここからは新聞や雑誌の記事をリーディングするときの技術を語っていきます。

いちばん大事なポイントは、「今読んでいるテキスト」以外は目に入らないようにすることです。

読める範囲を絞っても、まだ読める気がしないよ

リーディングするときは、テレビは消して、ノートパソコンは閉じてください。さらに、スマホやタブレットもしまって、机の上には「今から読むもの」だけを出しておくようにする。

ちょっと面倒くさそうですが、やるのとやらないのとでは大違いです。できれば、ペンやメモ帳といった筆記具も引き出しにしまった方がいいでしょう。

・新聞を「ちゃんと読む」コツ

新聞なら紙面を折って「今から読む記事」だけを読めるようにする。

長い記事や論説はだいたい縦長になっているので、多くの場合、まず縦に折ってから下の小さな記事や広告を折り込みます。デジカメ写真をトリミングするような感じです。ここまでやったらリーディングを開始し、読み終わったら次の記事を「切り出し」して、ひとつずつ読んでいく。

そこまでしなきゃいけないの？　と思うかもしれませんが、実際にやってみるとすごくラクで驚くはずです。私も疲れているときやいまいち集中力がないときは、これで記事を〝各個撃破〟していくことにしています。

この理屈は単純で、要はある記事のリーディング中に別の記事の文字が目に入らないようにしているわけですね。

キハラの「リーディングルーペ」(リーディングトラッカーの一種)

本を読むのが苦手な人が「リーディングトラッカー」という補助用具を使うのに似ています。これはプラスチックの板に穴を開け、1行だけ見えるようにした単純なツールですが、1行ずつ動かしながら文字を追っていくことで「他の行が気になること」による消耗を防いでくれる。私もたまに使っています(上画像)。

新聞紙面はざっと見てわかる、感覚的につかめるようにデザインされています。これは言い換えれば「うるさいレイアウト」なのです。ひとつの記事を読んでいても、どうしても隣の見出しが目に入って、気づかぬうちに注意を奪われてしまう。

だから、ブラウジングなら見開きのままでいいけれど、リーディングするときは形態を変えた方がいい。とくに国際面や経済面などの難しいトピックは、「切り出し」で読んでいく方が、圧倒的に頭に入りやすくなります。

また記事を裏に折り込みながら読んでいくと進捗もつかみやすく、張り合いが出る。「これくらいは5分で読もう」といった具合に見通しも立てやすくなるのです。

・雑誌を「ちゃんと読む」コツ

雑誌の記事のリーディングも、同じようなアプローチを採ります。

数ページにまたがる記事をリーディングする場合、まずは記事の最後をチェックします。

ここがどうでもいい余談だらけだったり、本題から外れた話題になっている場合は、ページを破って捨てる。あと、序盤も長い前置きやわかりきった現状説明の文章があったりすることがあるので、こちらも取り除く。

すると5ページの特集が3ページになったりするので、そこから集中してリーディングに入ります。余計な部分をカットしてあるから、出し惜しみせず全力でテキストに向き合うことができます。

このように、ブラウジングの段階でも破り取って減らしたページを、リーディングの直前にさらにカットできないかと考える。このひと手間がリーディングの充実度を左右します。

長い評論やインタビューなど、後半からぜんぜん違う話になるようなケースもあるので、「最後まで付き合う必要はない」「何が大事かは自分が決める」といった強い自我を持って、テキストと対峙してください。

なお「ここは本題と関係ない」「後半は蛇足だ」といった判断を下すのは、内容をより深く理解することにつながります。

また、リーディングしようとしても歯が立たない場合は、あきらめも肝心です。

ほとんどは自分の力不足ですが、世の中には、わざとわかりにくい文章を書く人もいる。そういうのと関わるのは時間の無駄ですから「今回は縁がなかった」と思って捨てましょう。

私の場合、日を改めて3回ほどチャレンジしたり中盤や終盤だけ読んでみたり、といろいろやっても頭に入ってこないときは、その記事をまるごと捨てることにしています。「読んでもわからない」「このジャンルは相性が悪い」とわかっただけでも前進です。

「なんで読めないんだろう……」などと、クヨクヨするのはやめましょう。勝敗は兵家の常です。本当に読むべきものならば、またいつか自分のアンテナに引っかかってくる。そのときにまた挑めばいいのです。
紙面を折り、ページを破り、記事を断ち切る――ちゃんと読むためなら何をやっても許される、と腹をくくりましょう。

習慣 148
机の上にはリーディングするものだけ

習慣 149
新聞は折り込んで「切り出し」

習慣 150
雑誌はページを破って「切り出し」

習慣 151
「切り出し」で歯が立たないときは諦める

〝要らない部分は
徹底して切り捨てる〟
ことでハードルは
グッと下がるね

STEP 03

書籍を「ちゃんと読む」

本の「仮想切り出し」

書籍のリーディングはやや特殊です。本は雑誌や新聞のように、気軽にページを破ったりできない。しかし、付箋をうまく使えば、仮想的な「切り出し」のリーディングをすることは可能です。

具体的には、ブラウジングで読み進めていくうちにリーディングが必要なところ

が出てきたら、その区間のはじめ、「スタート地点」に本の上から付箋が数ミリ飛び出すかたちで貼っておきます。

対して、区間の終わりである「ゴール地点」には、下から飛び出すように貼る。「しおり」として付箋を使う人は、横に飛び出すようにしておきましょう。

これで処理の進み具合を可視化できます。ゴール地点は細かく設定して進んでいく方が心理的にもラクです。

付箋を貼ったらスタートです。ひとつ目のリーディング区間を越えたら、また次のリーディング区間が出てくるまでブラウジングし、そのリーディング区間が終わったらまたブラウジングで……と、尺取虫（しゃくとりむし）のように読んでいく。本の内容によっては、前後からこれをやるケースもあります。

ストーリー性の高い本はさすがにやらないものの、エッセイや評論、短編集ならまったく問題ありません。新書によくあるような科学啓蒙書やアカデミックな入門書も、意外と逆から読めます。ちゃんと読めるなら、いきなりデザートから食べてもいいのです。

本を「あとがき」から読む人は多いと思いますが、私は本の終盤はまだまだ開拓の余地があると思っています。前から攻めて「うーん、いまいち手応えが……」「この本はノリにくいかも」と思ったら、ためらわずケツを突っついてみましょう。案外、あっさり陥落するかもしれません。

要するに、目次を何度も眺めたり、ページを行きつ戻りつしながら付箋を貼ったり剝(は)がしたり、という具合に手を動かすのがいいのです。ただ本を弄(いじ)り回しているだけでも内容の理解は進みます。私の場合、学術書や古典はほとんどこのアプローチで読んできました。何カ月も触り続けていると、ある日突然、読みこなせるようになるから不思議です。

どうしても落とせないときは、その本はあきらめてもいいし、ハイライト(と思われる部分)だけに目を通して「終わり」にしてもいい。それもまたひとつの読書体験です。

なお、リーディング区間を示す上下の付箋は、通過してもそのままにしておくと便利です。たとえば「最近こういう話をどこかで読んだんだけど、思い出せない」というとき、見つけ出すための手がかりになります。

われながら邪道な感じがするし、読書家に怒られそうな読み方ですけれど、私は最初から最後までリーディングで読み通す本なんて、年に2、3冊でいいと思っています。

言い換えれば、そんな良書に出会うための機会をたくさん作り、しっかりお付き合いする時間とエネルギーを温存するために、切り出しのテクニックを駆使するのです。そんな経験の中から一生モノの愛読書が出てくる。読書のゴールは「読了」ではなく「死ぬまで付き合える愛読書の発見」と考えましょう。

あと、リーディング中にピンときたところはページの上の角を折っておきましょう。何の道具もいらない上、集中力を切らさずにマーキングできます。そして、本を読み終わったら角を折っておいたページだけを読み返して、「やはり重要だ」と思ったらページの下の角を折る。

上下の角が折られているページは自分にとってかなり重要なことが書かれていることになる。こういうのが後で本を参照するとき貴重なヒントになります。

また、本においても諦めは肝心です。どんなによく考えて買い物をしていても着ない服が出てくるように、買ったのに読まない本が出てきてしまうのも当然だと覚悟しておきましょう。

難しい本にチャレンジするのはいいことですが、つまらない本、不快な気分になる本を我慢しながら読むのは精神衛生に悪いので、スパッとやめるべきです。「読み手は徹頭徹尾、自由であるべきだ」とのメッセージを受け入れてもらうために、私の愛読書『ペナック先生の愉快な読書法』（ダニエル・ペナック／藤原書店）にあった

「読者の権利」を紹介しておきましょう。著者のフランス人、ダニエル・ペナック氏は元教師の作家です。

読者の権利10カ条

1：読まない
2：飛ばし読みする
3：最後まで読まない
4：読み返す
5：手当たり次第に何でも読む
6：ボヴァリズム（受け売り・なりきり）
7：どこで読んでもいい
8：あちこち拾い読みする
9：声に出して読む
10：黙っている

前半は大事ですね。とくに「読まない」「飛ばし読みする」「最後まで読まない」は、〝読書の非核三原則〟と言っていいほど大切な考え方だと思います。

本書も例外ではなく、「もういいかも」と思ったら迷わず捨ててください。人生は短い。躊躇（ちゅうちょ）しているヒマはありません。

あと現代のようなSNS全盛の時代には、最後の「黙っている」も意外と大事なことです。本を読んで感動したり、ためになったことがあったとしても、それを発信する義務などない——。自分が何を得たかは自分だけがわかれば充分ではないでしょうか。

習慣 152　書籍は付箋で「切り出し」する

習慣 153　行きつ戻りつしながら進んでいく

習慣 154　ピンとこないときは後ろから攻めてみる

習慣 155　読みにくければとにかく弄り回す

習慣 156　「読まない」「飛ばす」は読者の権利

「知識の本」の読みこなし

入門書やハウツー本、新書によくある初学者向けの解説書といった「知識の本」は、さまざまなリーディングで攻略できます。先ほど紹介した付箋を使った「切り出し」以外にもたくさんテクニックがあるので、紹介していきましょう。

1．スキップ読み

ひとつ目は「スキップ読み」。ある程度、わかっている・馴染みのある分野の本を読むときに使います。

序盤はすでに知っている事が書かれていることが多いので、ブラウジングでバシバシ飛ばして、既視感がなくなってきたらリーディングに切り替える。山の中腹までクルマで送ってもらってからハイキングを始めるようなイメージですね。そしてリーディングを続けて「もう充分だな」と思ったら、またブラウジングに切り替えるか、読むのをやめる。

専門的すぎる知識に出会ったときも、ブラウジングに切り替えるべきです。

とくに知識系の本の終盤は、初心者は知らなくてもいいようなマイナーな話題になっているケースが多いので、どんどん飛ばしてください。

ほとんど予備知識がないような学問分野の場合、「初めのうちは知らなくてもいいこと」を読んでしまうと、本当に大事なメイン部分の印象が薄れてしまうことがある。大事なことを伝え終わって、書き手のテンションが落ちてきたのを察知したら、読むのをやめてしばらく本棚にしまっておきましょう。マイナーなトピックの相手をするのは、メイン知識をしっかり身につけてからでいいのです。


読書において「食べ残し」は美徳です。本に書いてあることをすべて理解しようなんて考えは捨てて、「主題に関わる部分」や「疑問解決に役立つ部分」だけに取り組む贅沢なリーディングをしてください。

読み飛ばしが多くなっても、「いち部分はリーディングでしっかり取り組めた」といった感触が残るなら、それは身になる読書体験なのです。

2. 安心読み

以上は、ある程度わかっているテーマの本の話でした。では、もっと右も左もさっぱりわからない分野の場合はどうするのか。

「安心読み」というアプローチがあります。これは本書の企画ディスカッションで「真犯人を確認してから推理小説を読み始める人がいる。その方が安心して読めるらしい」と教えられた手法です。おもしろいので名前を拝借しました。余談ですが、私の妻はマンガを読んでいてショッキングな展開になると心臓がばくばくして倒れそうになるそうです。共感力が高くてうらやましい。

さて、知識本の「安心読み」は、いわば「落とし所」を確認していく読み方です。たとえば、中国経済についての入門書を読んでいて、「やや極端なことを言っている気がする」「少し偏ったものの見方ではないのか」と一抹(いちまつ)の不安をおぼえたら、ためらわず最終章を読みます。そこに「崩壊」や「内乱」といった文字が踊っていたら、眉につばをして読んでいく必要があるでしょう。

国際政治や経済といった「答えのない分野」において、わかりやすい結論を導き出している本は、ちょっと危険です。入門書の皮を被ったアジテーションの可能性があります。

知らない人の車に乗せてもらうような気味の悪さを抱えていてはテキストに集中できません。「安心読み」は、気づかないうちにわけのわからないところに連れて行かれるリスクを減らし、リーディング中の心の乱れを予防してくれます。「なぜか頭に入ってこない」というときは、積極的に試してみましょう。無自覚のうちに見通しのきかなさに不安を抱えてしまっているケースも多いからです。
　また、あまりイデオロギーの絡まないような科学啓蒙書なんかでも、最後の方をチェックして安心できることもあります。「これなら途中でわけがわからなくなることはなさそうだ」「こういう着地点に持っていってくれるなら先が楽しみだな」という具合です。
　近ごろ、フィクションに限らずやたらネタバレを嫌う風潮がありますが、本当におもしろいものはオチがわかっていてもおもしろい。つまり古典落語のようなものだと捉えておくべきでしょう。心技体そろったリーディングの前では、ネタバレなど些細(ささい)なことに過ぎません。

習慣 157
知識の本は積極的に「スキップ読み」

習慣 158
入門書は前半を読むことに注力する

習慣 159
結論を先にチェックする「安心読み」

習慣 160
少しでも不安なら着地点を下見してみる

習慣 161
「ネタバレ」は気にしない

不安が消える「参考資料」

3．参照読み

リーディングの不安や心の乱れを防ぐために、参考資料も活用しましょう。地図や年表などを広げながら読む「参照読み」です。たとえば翻訳版のビジネス書なんかを読んでいると、シカゴやトロントなど、地名がサラッと書かれています。北米であることくらいは知っているけれど、地図で指し示せる日本人は多くないでしょう。

もちろんビジネス本に地図など載っていない。地理や紀行の本ではないので、「北米のどこか」といった認識で読み続けても問題ありません。

しかし、ここで地図を見て確認する労を厭う（いと）ようでは、リーディングの精度を高めることはできません。

さらに読み進めているうちに「シアトル、北米のどっか」「ボストン、うーん北米のどっか」「オクラホマ……もう読むのやめようかな」という具合に、わずかな「わからなさ」が積み重なると、やがてリーディングを阻害する雑念となって現れます。

たとえビジネス書であれ、翻訳書を読むなら地図帳は必須だと思っておきましょう。『銃・病原菌・鉄』（ジャレド・ダイアモンド／草思社）や『サピエンス全史』（ユヴァル・ノア・ハラリ／河出書房新社）など、読書界で流行中のグローバル・ヒストリーものは、地図や年表のついているケースがほとんどです。しかし、付属のモノクロ地図では最低限のことしかわからないので、地図帳を開いて、新しい地名が出てきたら確認しながらリーディングしていく方がいい。

ほかにも近現代史はもちろん、古代史や交易の話などを扱った歴史の本を読むときは、必ず第1章で紹介したような地図帳や歴史資料集をかたわらに広げて置いてください。

ピンとこない地名がたくさん出てくる場合には、先に「地誌」を読んでからチャレンジするのもいい方法です。

私はつい最近、3年くらい積読していた『地図で読むアメリカ』（ジェームズ・M・バーダマン／朝日新聞出版）をようやく手にとって、このメリットを痛感しました。アメリカの地理をはじめ歴史や文化などを10のエリアに分けて紹介したものです。

以前から、アメリカのたくさんの都市を舞台にした海外ドラマ『THIS IS US』を観ていたのですが、本書に目を通した後は、劇的に内容が理解できるようになりました。今までアメリカの政治や歴史についての本をたくさん読んできたけれど、先にこの手の本を読んでおけば、比べものにならないほどラクに多くのことを学べたのに、と少し後悔しています。

なお、年表はスマホで検索しても出てくるものの、作成者や作成時期によるズレが多く「どっちが正しいんだ？」となりがちなので、大学受験用の最新版を買っておきましょう。

信用に足る資料を手元にそろえておけば、余計なことを考えず平常心で読み進めていくことができます。

4．レクチャー読み

また、近現代史や国際政治の本を読むときは、ユーチューブで公開されている解説動画を見てからリーディングにかかる「レクチャー読み」のもおすすめです。こちらも大学の公開講座や報道機関が主催した講演会など、信憑（しんぴょう）性の高いものを選んでください。

資料集を見るとき、大切な心がけは「なんとなく知っている」地名や事象をていねいにチェックしておくことです。

地図を例に取れば、まったく知らない場所より、何度か聞いたことがある地名を調べる方が、自分の中にある関連情報とひも付けされるので頭に入りやすい。

また本に挿入されている地図をなんとなく見るより、自ら地図を開いて能動的に調べる方が、ひとつの「調べた体験」として印象に残りやすくなります。

習慣 162 地図や年表を広げながらの「参照読み」

習慣 163 ピンとこない地名はすぐ地図で確認する

習慣 164 先に「地誌」を読んでからチャレンジ

習慣 165 ネットの解説動画で「レクチャー読み」

STEP 04

リーディング環境を整える

バーチャルよりリアル

続いては、リーディングのための本の買い方や環境選びなど、ハード面の話をしていきます。

まず心得ておくべきは「図書館の本はリーディングに向かない」ということです。できないわけじゃないのですが、付箋を貼ったりせず丁寧に扱わないといけない

ので、どうしても余計なエネルギーを使ってしまう。リーディングは全身全霊でテキストと向き合う行為なので、「本を傷めないように」とか「返却期限が迫っている」とかいった雑念は障害になります。

図書館で借りた本はブラウジングで目を通していき、リーディングが必要になったら書店で買う。これがもっとも効率のいい方法です。

私は毎月20冊くらい借りる図書館へビーユーザーですが、ここ数年、貸出で最初から最後まで読んだ本はほぼありません。

ブラウジングしているうちに「あ、この本すごいかも」と思ったら、オンラインの書店や古書店で在庫を確認。さらにパパッと見ていって「やっぱり、じっくり読むところがいっぱいある！」と思ったら発注して、図書館の本はさっさと返却してしまうからです。本が届いたら付箋をつかって普通にリーディングしていきます。

そして先程も述べたように、買ったからといって最後まで読むとは限りません。

図書館は「本をブラウジングするための公共サービス」だと割り切った方がいいでしょう。いわば「おためし期間」に過ぎないので、本当に自分の知識や生きる糧(かて)としたい本ならば、家に迎え入れてじっくり付き合うべきです。

私は年に2、3回、図書館で本を借りて帰って、すぐその本を注文することがあります。わざわざ借りてきた日にネットで買うなんてバカみたいですけど、そのままだだら借り続けて、図書館の本をリーディングする羽目になったり、購入をためらい続けたりするのは、時間と労力の無駄になる。だから1日でも早く買う必要がある。けっこう必死です。

ここまでの話で「せっかくタダで読めるのに買うの？」と思う人もいるでしょう。しかし、別の側面から見ればお金の節約にもなります。

書店でぱらぱら見て買うより、借りた本を30分ほどめくってから買う方が、自分に会う良書に出会えるのです。逆に言えば「買ったのにぜんぜん読まない」「ぱらぱら見ただけで終わり」といった結果になる可能性が低い。それに、図書館の棚で本を探す方が書店の店頭で選ぶよりはるかに多様な本に出会えるというメリットも大きい。アマゾンのマーケットプレイスで探せば、そこそこ古い本であってもほぼ手に入ります。

結果的にリーディングに値する本ばかりそろってくるので、再読しない本ばかり並んでいる本棚よりずっとコンパクトで筋肉質な蔵書になります。

さらに言えば、図書館の本と同様に電子書籍もリーディング向きではありません。ぜんぜん違うものじゃないか、と思うかもしれませんが、両者には共通点があります。どちらも「仮」だということです。

図書館で借りた本は自分のものではなく、かりそめに手元に置くことができるだけ。いわば「仮の蔵書」です。

電子書籍は実体がなく、パソコンやタブレットといった端末の画面に一時的に映るだけ。つまり「仮の書物」です。

「仮」だからダメだ、と言っているのではありません。

ちょっとした娯楽や好奇心を満たすためのブラウジングなら、図書館の本をガンガン使うべきだし、移動中や旅先で楽しむコンテンツとして電子書籍はすごく便利です。ただ、どう考えてもリーディング向きではない。仮の蔵書、仮の書物を「自分が所有する実体のある本」のように扱おうとすれば、余計なエネルギーを使うからです。

紙の本は重くてかさばる上に、電子版より値段も高い。けれども、じっくりテキストを味わってその後も長く付き合う場合には、ベストな選択と言えます。

リーディングは負荷の高い行為であり、ブラウジングよりずっと集中力も使う。汚さないように気を使ったり、モニタの明るさやフォントを調節したりしなければならないのは、けっこうなストレスになります。これに対して、紙の本なら「何も気にせず読むだけ」です。私も電子書籍を読みますが、先ほどの図書館の本と同じように「これは自分のためになる本だ」「しっかり知識を身につけたい」と思ったら、紙バージョンを買うことにしています。電子書籍でのリーディングは疲れる上、本との関係性も作りにくいからです。

紙で書い直しても、電子版は、外出時に「あの本にこんな記述があった気がする」と思ったときに確認したり、旅行に持ってきた本に飽きてしまったりしたときの〝おやつ〟になったりするので無駄ではありません。

また「いきなり電子」より、紙で読んだものを電子で読み返す方がラクです。私は、英語学習で使っている冊子はスキャンしてＰＤＦに変換し、スマホでも閲覧できるようにしています。簡単な「自炊」ですね。

それでもやはり紙は強い。ページを折ってもいいし、書き込みもできる。カバンに入れっぱなしでも存在を忘れることはないし、本棚にしまっていても向こうからアプローチしてくる。

直射日光を避けてしまい込むだけではダメで、たまには埃（ほこり）も払ってやらねばならないし、繰り返し読んでカバーが破れたときはテープで補修しないといけない。つまり、互いの仲を深めていこうと思ったら、書物にも「紙」という〝肉体〟があるべきなのです。

こういうのは時代遅れのアナログ主義に聞こえるかもしれません。しかし、人間はメシも食えば排泄もする生物であって、情報を出し入れする端末ではありません。脳も血と肉でできた臓器であって、電気で動く回路ではない。そう考えれば、バーチャルよりリアルに親しみを感じるのは、当然のことではないでしょうか。

習慣166 図書館の本は「ブラウジング専用」

習慣167 借りた本が気に入ったらすぐに買う

習慣168 気に入った本は「電子と紙」で持っておく

習慣169 バーチャルよりリアルで関係を深める

生活の中に「読書室」を

ブラウジングと違ってリーディングは高負荷なので、環境を選びます。

家が散らかっているなら、ひと部屋だけでも掃除しましょう。机がごちゃごちゃなら5分だけでも片付けをして、集中できる空間を作ってください。

おすすめしたいのは、自宅のそばに「リーディング場所」をキープしておくことです。

喫茶店やファミレス、ネットカフェ、コワーキングスペース、デイユース可のホテルなど、静かで集中できる空間を見つけたら、手帳やスマホにリストアップしておく。そして、リーディングすべきものがたまってきたらそこに行って、気持ちを切り替え、短時間でがっちり取り組む。

パソコンもスマホも家に置いていって、「リーディングするしかない状況」を作るのがコツです。

私の場合、休日によくこれをやります。畳に寝転んで新聞や雑誌、本などをぱらぱら見て（ブラウジング）、一段落したら「よし、じゃあこいつらを片付けに行こう」と、長い論説記事やら付箋を貼った本やらを紙袋につめて、徒歩5分の喫茶店に行く。

なぜ家で読み続けないのかというと、気が散るからです。家族がいるときはもちろん、自分ひとりでも家にいると「部屋の片付けをしないと」とか「出張の準備リストを作ろう」とか、いろいろやることを思いついてしまうので、喫茶店に行くことで雑事から逃れる。そして小一時間ほどリーディングして、習い事が終わった小学生のようにスッキリした気分で家に戻ります。

コーヒー代は電車賃のようなもの、つまりリーディングの必要経費と考えておくべきでしょう。私はドケチなので払わずに済むものは10円でも払わないのですが、これだけは節約しないと決めています。コーヒーチケットやプリペイドカードで「前払い」しておくと、サイフの中身が減らないので心理的にもラクです。

リーディングに疲れたら「あとでファイル」などを耕すことにしています。ブラウジングはどこでもできるので、環境にこだわる必要はないものの、やはり静かな場所の方が捗る。日経新聞や経済誌は家でパラパラ見るのにも少し負荷を感じるので、よくカフェでブラウジングしています。

旅行や出張中はリーディングを進めるチャンスです。たとえば、東海道新幹線を「のぞみ」ではなく「ひかり」「こだま」で行けば、途中でうたた寝をしても、かなりのリーディングができる。そのぶん早めに家を出発しなければならないものの、車中で仕事もできるなら、なかなかいい手段ではないでしょうか。

もっと手の込んだ方法を採ることもあります。「エクスプレス予約」という新幹線のネット予約サービスでポイントを貯め、通常席の料金で「こだま」のグリーン車に乗るのです。使用ポイントは「のぞみ」のグリーン車より少なくて済むにもかかわらず、グリーン車で過ごせる時間は90分以上も多い。そう考えれば早起きしてでも乗る価値がある。もちろんグリーン車に備え付けてある雑誌もブラウジングし、手ごわい記事は破り取って「あとでファイル」に突っ込んでおきます。

グリーン車は快適なのでリーディング中心でいきます。しかも書籍を優先する。ブラウジングはどこでもできるし、新聞や軽い雑誌のリーディングは、これほど恵まれた環境でなくてもできるからです。腹ごしらえしたら、地図帳など参考資料を広げながらできるだけリーディングを進めます。4時間あれば休憩を挟みながらでもかなり読めます。

そして、目的地に到着したら、カバンに常備してある「レターパック520」に本や雑誌、参考資料「あとで読むファイル」などを詰め込んで、自宅に送る。これでカバンが一気に軽くなり、気分爽快です。

では、帰りはどうするのかといえば、1冊だけ残しておいた文庫本を読んだり、旅先で手に入れた資料に目を通したりします（しかし、帰路はだいたい夜で疲れているので、弁当を食べてスマホでも見ているうちに大阪につきます）。

また、旅先で温泉に寄るときは、もっと本を手元に残しておきます。風呂あがりに休憩用の和室で行うリーディングは最高だからです。数年前、道後温泉の和室でお茶を飲みながら読んだ本のことは、今でもハッキリ覚えています。

レターパックはコンビニでも買えるし、宿によってはフロントでも預かってくれます（ポストに入らないときに助かる）。もちろん使わない荷物も一緒に送ることができる。旅行中でも重くてかさばる紙の本と付き合うことを可能にする〝魔法の読書ツール〟なのです。

習慣 170 リーディングに使える場所をリストアップ

習慣 171 休日はカフェで集中リーディング

習慣 172 新幹線の「こだま」を読書室にする

習慣 173 旅行や出張では「レターパック」を活用

本との出会いは
一期一会。
「これぞ」という1冊は
紙の本で
手に入れよう

第5章

「活用」の習慣
——体を使って頭に残す

いよいよ本書もフィナーレ。
ついに、「自分の言葉」を見つける最終工程に入ります。
すでに多くの書物に目を通しているあなたなら、
言葉が頭の中に蓄積されているはずです。
あとは、それを体に刻み込み、
すぐに引き出せる仕組みを作り上げればいい。
もう少しだけ、頑張りましょう。

STEP 01

「頭に残す」ということ

「なんでも保管」は厳禁

ここまで、言葉を扱う能力を高めるための日々の過ごし方から、多種多様な情報へのアプローチ法、本当に大事なものに出会うためのブラウジング法、そして読むに値するテキストとしっかり向き合うリーディングの技術まで、たっぷりと語ってきました。

最後に紹介したいのは「活用」です。リーディングで得たものをどのようにストッ

クし、自分の言葉を育てていけばいいのか。その要点や勘所について書いてみようと思います。

まず、リーディングした記事や書籍をどのように保管すればいいのか。

私の答えは極めてシンプルで、「頭の中に残しましょう」です。

そもそも、どんな広い書斎があろうと、どんなハイスペックなパソコンを使っていようと、「そのまますべて残す」のはやめた方がいい。いくら収納可能だからといっても人間が把握できる量には限界があるわけで、研究者やジャーナリストでもない限り、図書館のような蔵書や膨大なデータベースは使いこなせません。

そんなわけで、私は新聞・雑誌といった紙ものはもちろん、本も繰り返し読みたいものを除いて、どんどん手放しています。「これは！」と思ったネット上のコンテンツは、ブックマークしたり自分宛てにメールしたりくらいのことはするけれど、クラウド上にネット記事の保管庫を作って……、といった手の込んだことはしません。

現代において「再入手」はそれほど難しくないからです。

書籍の場合、図書館でオンライン予約したり、アマゾンのマーケットプレイスで古本を購入したりできます。

また新聞や雑誌の記事は、ネット検索や有料データベースなどがある。切り抜いておいた新聞記事を間違って捨ててしまったり、ウェブサイトが削除されてしまったりしても、まあなんとかなるのです。学術論文やノンフィクション作品を書くのでなければ、さほど「保管」に神経質になる必要はありません。

だから雑誌や本をそのまま保管しておくのはやめて、どんどん捨てていきましょう。私は自分のインタビューが載った雑誌でもしばらく見たらゴミに出しているし、自著もよく参照するもの以外は処分しています。日本には「納本制度」というものがあって、基本的にすべての本や雑誌は国会図書館に残されているのだから、手放してもいいのです。

また、もし本棚に余裕があるとしても、雑誌のバックナンバーを保管したり再読しないような本を並べたりするのは避けるべきでしょう。

たしかにガラガラより大量の蔵書がある方が見栄えがしてカッコいいし、コレクター的な満足感もあるかもしれません。しかし、問題は「味」が薄くなってしまうことです。

どうでもいい本だらけの中に数冊の愛読書があり、膨大なバックナンバーの中に数個のスペシャルな記事がある――。これはあまり愉快な状況とは言えません。たとえるなら、ほんのちょびっとしか具が入っていないサンドイッチみたいな感じでしょうか。

本当に望ましいのは、新幹線で売っているカツサンドのようにひとくち目からガッツリ味わえるやつでしょう。本棚も、そんなしっかりした味を目指すべきなのです。

どうでもいい本が大量に並んでいる本棚は、だんだん見なくなってしまいます。視線を向けても何も感じず退屈だからです。

反対に、繰り返し読める本や愛読書だけの本棚は、日常を彩る刺激になる。数秒間なんとなく眺めているだけでも「あ、これ今の国際情勢にぴったりだ」「この本を来週の出張に持っていくか」というふうに、発見があるのです。

「どうでもいいもの」を保管してはいけないのは、デジタルにおいても同じです。

これは失敗談ですけれど、私はハードディスクにある3年前の小笠原旅行の写真が未だにチェックできていません。合計で約4500枚だから、1枚3秒ずつスライドショーしていけば4時間くらいで目を通して選抜できるはずなのですが、ものすごく面倒くさい。おかげでいまだに「傑作写真セレクション」を見ることができません。

なんでもかんでもハードディスクに保存するのではなく、出来の悪いものはカメラ操作で削除しておくべきでした。膨大な量の情報がいかに役に立たないか、という好例です。

人間が手に負える情報量には限界があるので、「情報は多ければ多いほどいい」なんてことはありません。蔵書やファイルは「活用」を見越したちょうどいいボリュームにとどめておくべきなのです。

習慣174 膨大な蔵書やデータベースは不要

習慣175 紙もデジタルもどんどん捨てる

習慣176 たくさんの蔵書より「味の濃い本棚」を

習慣177 活用のために「ちょうどいい量」を維持する

理想は「スカスカ本棚」

では、具体的にどのように捨てていくべきなのでしょうか。

まず書籍の場合、本棚に入れていいのは「これから読む本」「今後も再読する本」「よく参照する本」の3種類にとどめておく。

このどれかに当てはまる場合だけ本棚への「加入」が認められ、月日の経過とともに条件をひとつも満たさなくなったら、その時点で「除名」です。

たとえば、新刊を読み終わって「おもしろかった。またそのうち読み返そう」と思っている場合は、本棚への加入が許されます。しかし、そのまましばらく放置して、本棚を眺めたとき「そういえばこんな本あったな……」となったら、改めて三つの条件に照らし合わせることになります。そこで「もう読まないか」と思ったら、もちろん除名です。

難しいのは加入より除名の判断です。

だいたい買って読み終わったばかりの本というのは、すぐ「捨てよう」とは思わないもので(もったいないですから)、「これからも読む」と思いがちです。

それが悪いわけでもなく、実際そう思うなら本棚に加入させればいい。ところが、その中で実際に引っ張り出して読んだり参照したりする本となると、想像よりずっと少ないのです。

さらに、月日が経つとフレッシュさも薄れてくるので、本棚に在籍しているうちに自然と条件をクリアできなくなっているケースが多い。こういうのは本棚の中で「現在も条件を満たす本」、つまり愛読書と紛(まぎ)れてしまう結果になります。

だから、本棚は定期的に点検し、そこにあるべきではない本を取り除いてやらねばなりません。


本棚から「条件を満たさなくなった本」を取り除く。

この作業は、簡単そうでけっこう大変です。

心理学に「決断疲れ」といった言葉があるように、今まで大事に保管していた本を手放すか否かのジャッジを下すのは、かなりの心労を伴う。私も何度も先延ばしを重ねて、いつの間にか「魅力のない本棚」に陥るのを繰り返してきました。

その経験を踏まえて言えるのは、年末の大掃除のような「まとめて一気に」のアプローチは、まずうまくいかないということ。それよりも、できるだけコンスタントに「気がついたらすぐ抜いて捨てる」作業を重ねるようにしましょう。

たった1、2冊でもいいのです。週に何度か、ぼんやり本棚を眺めて「あ、これは手放していいんじゃないか」と思ったらすぐ中身をチェックして、古紙の回収袋にポンと入れる。これならヒモで縛ったりするような手間もありません。

私は電気シェーバーの定位置を本棚にしています。で、ヒゲが気になってきたら本棚の前に立って眺めながら剃る。なかなか「定期的に本棚を点検しよう」と決めてもできるものではないけれど、こうすると自動的に向き合うことになる。だいたい週に1、2冊は取り除けます。このように「本棚チェック」は、何か生活に不可欠な作業とセットにしておくのがいいでしょう。

なお、いくら三つの条件を満たす本だけだったとしても、本棚は常にスカスカであるべきです。

ギチギチに並んでいては、加入はもちろん除名のためのチェック作業もやりづらくなる。目安としては、手のひらが引っかからないでザクッと入るくらいの状態をキープしておきましょう。

著者自宅の本棚。空きスペースを常に確保

こうしておくと、本の出し入れがしやすいほか、数冊程度のポジション変更であればスペースを融通させなくてもいい。仕事や趣味の都合で「このテーマの本は1カ所にまとめておきたい」といったときも対応がラクになります。

もし既に本棚がギチギチで、たまに1冊や2冊ずつ手放していく程度ではキリがない、という人は、ノルマを立てて長期計画で本棚の再生に取り組んでください。

私も何度かやったことがあります。「1日1冊、取り出してチェックする（その結果、棚に戻してもよい）」といったルールで2カ月ほど続ければ、50冊前後は減らせる。ただ前述の通り、本を手放す判断はものすごく疲れるので、多くても1日

1、2冊にしておくべきでしょう。

習慣178 本棚に残す本は「三つの条件」で

習慣179 「読み終わったばかりの本」には要注意

習慣180 日常生活で本棚を眺めるタイミングを作る

習慣181 「手を差し込める状態」を目標に

リアル蔵書から脳内蔵書へ

本棚から不要なものをチェックしていると、逆に「これはいい本だったな」「読み返さないのはもったいない」と思うこともあります。

そんなときは、その本を取り出しやすい場所や目線に近い位置といった「特等席」に移動させるなど、その場で操作しておきましょう。このひと手間で、本棚の魅力がアップします。つまり自分の蔵書も、書店員が棚を作るときのように「お客さん」

にアピールする必要があるのです。

また、本以外に余計なモノを置かないように気をつけてください。園芸家がこまめに伸びた枝を切ったり、しおれた花を取り除いたりするように、手入れを欠かさないようにする。その結果「いつ見ても気分がいい」という状態をキープできれば、もう言うことはありません。そうやってちゃんと世話をした本棚は、自然と活用度が上がっていきます。

「見るから使う・使うから見る」の好循環が生まれるわけですね。目指すは図書館のようにびしっと並んだ「整理された本棚」ではなく、出し入れの多い「回転数の高い本棚」です。すでに述べた通り、どうでもいい本を本棚に入れたまま放置していると、この状態はたやすく崩れます。

どんなにいい状態の本棚であっても手入れを怠ると、「見ないから使わない・使わないから見ない」といった負の循環に沈んでいくのに時間はかかりません。くれぐれも、ふだんから本棚の様子を気にかけるようにしてください。魅力ゼロの本棚は「手入れしよう」といった気すら起こらなくなってしまうからです。

定期的に本棚の前に立って、不要な本を取り除いたり、目に付く場所に動かしたり、少しだけページをめくってまた戻したり、スペースを調整したりする――。こういう作業を繰り返していると、だんだん頭の中にも〝本棚〟ができてきます。

つまり、自然と「蔵書の全体像」がイメージできるようになる。その結果、外出先でネットニュースを見ていても「この分野についてはあの本の解説がすばらしかったから読み返そう」とひらめいたり、「たしかあの本にはこういうエピソードがあったはずだけど……」と思い出したりする。

そして実際に本棚の前に立ったとき、2、3分で目的の本、目的の記述を探し当てられるようになるのです。私はあまりにもあっさり該当ページを見つけ出して、自分でも「すごい！」と思うことがよくあります。

べつに蔵書目録を作ったり、ノートに引用したりしているわけでもないのに、なぜか正確に探し当てられる。手に取って本を動かすといった具体的な行為を通じて「おぼろげにつかんでいる」というのは、意外と強いのではないでしょうか。

この参照法は、テストのときに勉強したことを思い出すような「記憶」よりずっと感覚的なもので、何度も通るうちに道を覚えてしまうのに近い気がします。

このように頭の中に本棚があると、外出中でも「あの名作を再読しよう」とか「あの本は目立つ場所に動かしておいた方がいいな」といった具合に、バーチャルな「本棚の手入れ」ができるので、さらに蔵書の活用度が上がります。もちろん、大きな本棚より小さな本棚の方が「把握」は簡単なので、その意味でも蔵書は〝少数精鋭〟にすべきなのです。

この「脳内蔵書」は、書き手に限らず自分の言葉を持ちたい人にとって、不可欠なものです。

どんなジャンルの表現であれ、過去の作品を下敷きにしたり、エピソードや名言・名句を引いたりするのは基本中の基本といっていい。とくに私のようなライターにとっては重要な仕組みです。考えあぐねて手が止まってしまったとき、脳内蔵書からひらめきを得るケースと、そうではなく頭の中が空っぽのまま「何かヒントはないか」とネット検索を繰り返すケースと、どちらがいい結果につながるか、言うまでもありません。

脳内蔵書は、言ってしまえばリアル本棚の「印象」であって、スケッチみたいなものです。

「本棚の手入れ」という現実世界の具体的な作業を通じて、おのずとイメージが出来上がり、また頭の中でキープすることができるのであって、リアル蔵書なくして脳内蔵書はありえません。本はためずにどんどん捨てるべきですが、同時に「残すべきものはしっかり残す」ということの意義も、理解しておいてください。つまり、残すために捨てるのです。

何を本棚に残し、何を残さないか、何をチェックし、何を動かすか――。そんな判断を繰り返すことで、本棚に残した蔵書との関係性がじわじわと深まり、おのずと印象に深く刻まれるようになってきます。

少数精鋭の愛読書がそろったスカスカの本棚と、その手入れを通じてかたちづくられる脳内蔵書――。これこそ、頭に残すことの第一歩であり、自分の言葉を育てていくための土壌なのです。

習慣 182 そのうち読み返したい本は「特等席」に移動

習慣 183 棚作りで「自分」という客にアピールする

習慣 184 「回転数の高い本棚」を目指す

習慣 185 リアル作業を通じて「脳内蔵書」を

暗記より「印象に刻む」

「頭に残す」のは「暗記する」こととは違います。やや抽象的ですが、「印象に刻む」

という表現がいちばん近いような気がします。

「暗記」は歴史上の人物や法律などを正確に覚えていくようなイメージです。対して「印象」は、子供のころや学生時代に体験したことがとくに意識しなくても記憶に残ってしまう感じでしょうか。

「暗記」は苦しいけれど正確で、「印象」はラクだけれど曖昧です。大学受験や資格試験をクリアしたいなら、興味を惹かれた知識やエピソードがなんとなく印象に残っているだけではダメでしょう。何時間も机にかじりついて英単語や年号を暗記しなければなりません。

しかし、長期的に言葉を育てていくには「暗記」より「印象」のアプローチを採るべきだと私は考えます。こちらの方が、継続的に楽しみながら頭に残していけるからです。

言い換えれば、「覚えよう」とするのではなく「どうすればより印象に深く刻み込めるだろう」と考えながら、お気に入りの本やテキストと付き合っていくわけです。たとえば、恋人に勧めるとか、とっておきの旅に持っていくといったように。

つまり、読むことを歯を食いしばってやる「勉強」にしてはいけない。「1年間で経済学の名著をたくさん読み込んで成果を発表したい」とか「この本を熟読してフレームワークを使いこなせるようになろう」といった試みは、まず失敗します。

短期的には成功しても長くは身につきません。読書は勉強ではなく、勉強は読書ではないからです。読書と勉強は似て非なるものであり、混ぜ合わせてもうまくいかないのです。

だから、リーディングに値する文章と向き合うときは、そこそこの緊張感は持ちながらも、「ここは大事だから覚えておかないと」「これだけやったんだから頭に残るはず」といった意識は持たないようにしてください。

そんな義務感や期待感は、せっかくのテキストと向き合うときの雑念になる。だいいち、そんなの楽しくないでしょう。

勉強は学生時代で卒業すべきです。

それよりも、ブラウジングとリーディングを経て、手元に残すことが許された〝精鋭テキスト〟との語り合いを純粋に楽しめばいい。彼らは通勤電車でもベッドでも、キッチン、トイレ、それに旅先でも、最高のパートナーになってくれます。

そうして付き合いを深めていけば、水滴が石を穿つように、じわじわと印象に深く刻まれていく。しまいには、それが赤の他人が書いた文章であることも忘れてしまうような、自らの生き方のモチーフになっていくのです。

私は著作でいろいろ自分の考えを書いてきましたが、そのほとんどは元はといえば何かを読んで得た知見です。それが長い時間をかけて付き合ううちに、自分の経験や思考と混じり合って、いっぱしの「自己表現」になったのでしょう。「これをやっておけば、こう活用できる」という簡単な話じゃなくて申し訳ないのですけれど。

モノとして保管していくのでもなく、知識や情報として記憶するのでもない。「印象の強化」というアプローチで頭と体に刻み込んでいく――。この考え方が理解できたら、次から具体的なノウハウに進みましょう。

習慣 186 「読書」が「勉強」にならないように注意

習慣 187 「精鋭」たちと日々、楽しく付き合う

頭の中に
蔵書があれば、
あなたを助ける言葉が
湧き出てきます

STEP 02

定期刊行物を切り抜く

頭に残る「切り抜きノート」

書籍の場合、モノ的な整理を通じて頭に残していくのはそれほど難しいことではありません。さまざまな「パッケージ」があるからです。

書類やパンフレットと違って、それなりの厚みがありそれぞれ佇(たたず)まいが異なっているので、存在感がある。だから、部屋のすみに積んでおいてもカバンに入れっぱなしでも完全には忘れ去られない。携行もしやすいので、あちこち持ち歩いて印象

に残る付き合いができます。
また、装丁はデザイン的な特徴だけでなく、内容を象徴するアイコンにもなっています。だから、判型やカバー、背表紙をちらっと見るだけでも「こんな本だったな」といったことが想起されるわけですね。重くてかさばる紙の本は、頭に残すことを考えれば有利な形態なのです。

では、パッケージのない「紙もの」つまり雑誌や新聞といったものは、どうやって頭に残していけばいいのでしょうか。

これはけっこう難題です。ファイルに綴じたりスクラップ帳に貼ったりするのが一般的ですが、これは「モノとして残す」ことを主眼とした整理法です。つまり、会社の広報担当者が「当社の発表がどのように報じられたか」といったことを記録するのに有用ではあるけれど、これで頭に残るかといえば、首を縦に振る人は少ないでしょう。

そこで、私は「切り抜きノート」を提案します。
ブラウジングやリーディングを経て「これは覚えておかなくちゃ」「すばらしい内

容だ」と思った記事は大学ノートに貼っておくわけです。

ノートなので、余白に日付やメモ、感想などを書き込んでおくこともできる。そして愛読書と同じように、繰り返しテキストに触れながら印象に深く刻み込んでいくわけです。

「スクラップ」と「切り抜きノート」は似ているようで違います。

スクラップブッキングは「スクラップ帳」というモノを作ることが目的です。もちろん記事は最初から最後までキッチリ切り抜かねばならないし、出典も記して何年経っても参照できるようにきれいに残しておく必要がある。「大学受験に関する話題」「日本古代史の報道」など、切り抜く対象も一貫性が求められるでしょう。

これに対して「切り抜きノート」は、その作業を通じて頭に入れるのが目的です。だから記事全体を保管する必要性もなくて、グッときたところだけ抜粋する。出典はなるべくメモするけれど、書き忘れても問題なし。後で参照するための資料を作っているわけではないので、書き込みやマーキングでごちゃごちゃになっても気にしません。もちろん一貫性などなく、ただ気に入ったものを並べるだけです。

スクラップブッキングと違って、このノートは「頭に入れる」というゴールに至るための手段に過ぎません。だから目的を果たしたなら、使用済みは捨ててもとくに問題ない。小学生が算数ドリルをやるノートなんかと同じです。

もちろん、人間ですから「△回チェックすれば必ず頭に入る」「ノートに収録すれば何年経っても忘れない」なんてことはありえません。切り抜きノートは「こうすることで、少しでも頭の深い部分に刻み込めたらいいな」といったもので、要するに悪あがきです。

記事をリーディングしてすぐ捨てる場合、100のうち1しか頭に残らないのが、ノート化してじっくり付き合えば3から5くらい残せる、といった感じでしょうか。「なんだ、結局ほとんど残らないのか」と思う人もいるでしょうけれど、私はこの差は劇的であって、手間をかけるに値すると考えています。

たとえ完璧ではなくても「ある程度は思い出せる」というのは、複雑なことを考える状況において、かなりラクで気持ちいいのです。

だから継続できるし、継続できるからより残りやすくなる。仕事以外の雑談や人付き合いにもプラスになるでしょう。とくに私の場合、世間話や何気ないやり取りが苦手なので、「読んで考えたこと」の話で切り抜けている面があります。「コミュ力がない」と悩んでいる人は、ぜひ切り抜きノートをやってみてください。

スクラップブッキングであれば、もっと簡単な方法はいくらでもあります。

新聞の電子版をスクリーンショットで残しておけば、のりもハサミもいらない。

いや、そもそもアプリの検索機能や過去記事データベースを使えばいいのだから、記録すら不要なのかもしれません。

しかし、頭の中に残すのが目的の場合、このようなラクな方法は逆効果です。ショートカットキーを押して1秒でスクリーンショットを撮るのと、わざわざハサミで紙の新聞を切り抜いて貼るのと、どちらが印象に残るか、言うまでもありません。

頭に残そうと思ったら、あえて「手間のかかるアプローチ」を取るしかない。要するに「面倒くさいから特別なものになる」わけです。どこか人間関係にも似ていますね。

習慣 188
手を動かして作る「切り抜きノート」

習慣 189
じっくり付き合って印象に残す

習慣 190
コミュニケーションでも活用する

完璧を目指さず、手入れをする

書籍の場合、本棚の手入れを通じて関係を深めていくことができるけれど、新聞や雑誌の記事は、なかなかじっくりと付き合うのが難しい。

そこで登場するのが「切り抜きノート」でした。ここからはその具体的な使い方を紹介していきます。といっても次の通り、とてもシンプルなやり方です。

切り抜きノートの基本

1. 持ち歩けるサイズのノートを用意する
2. 前から順に「頭に残したい記事」を貼っていく
3. できれば余白に日付と出典をメモしておく（忘れてもOK）
4. 最後のページまで行ったら「代替わり」して続ける

1. 持ち歩けるサイズのノートを用意する

まずサイズについて、携帯性と扱いやすさを考えて、私はA5のノートを使っています。外出が多いのでB5だと持て余すし、これより小さいと記事を収録するのが厳しい。

また、このサイズは見開きにするとA4コピー用紙サイズなので、家庭用のプリンタ複合機でコピーが取りやすいという利点もあります。罫線はオーソドックスな横罫です。書くより貼るのがメインなので、こだわる必要はありません。

2．前から順に「頭に残したい記事」を貼っていく

ちょっと難しいのが2です。ここは「厳選」がカギになります。詳しくは後述しますが、なるべくページは少なく、記事も刈り込んでから貼るようにしてください。

雑誌の2ページ記事なら切り抜いて1ページの半分以下に、新聞記事なら3分の1くらいをカットするようなイメージです。どうしても見開きで収録できないときは、分割して貼ります。うまく収まらないからといって、記事を横にして収録したりするのは読みづらくなるのでやめましょう。

3．できれば余白に日付と出典をメモしておく(忘れてもOK)

出典は切り抜きに含まれていれば不要です。逆に言うと「△△新聞」「週刊××」といったクレジットが入るように切り抜ければ手間が省ける。日付は収録日ベースで「2022／5／1」とメモしておきます。「アレなんだっけ？　先月くらいに読んだ気がする……」といった場合、参照のヒントになります。これは書き忘れても前後関係で推理できることも多いので、神経質にならなくてOK。

同じように雑誌の号数や新聞の日付なども、面倒なら省いてください。後でこれらの情報が必要になるケースは少ないので問題ありません。内容に関するメモも不要です。こういうのは凝りだすとキリがないので、簡素を旨としましょう。

4．最後のページまで行ったら「代替わり」して続ける

最後の4は「エンドレスで続けていく」といった意味です。1冊目が終わったら2冊目、そして3冊目と、どんどんノートを作っていきます。

表紙には通し番号と使用期間を書いておくと、参照するときに便利。また「去年の今ごろはこんなこと考えていたっけ」といった感じで、いい記念になる。使い切ってしばらく経ったノートは、「自作の本」として付き合っていくこともできます。

私の「切り抜きノート」は、新聞雑誌の記事に限らず、本の帯から使用済みチケットなどなんでも貼り付けた上に、さまざまな記録やメモを書き入れた〝貼り混ぜ帳〟となっています。

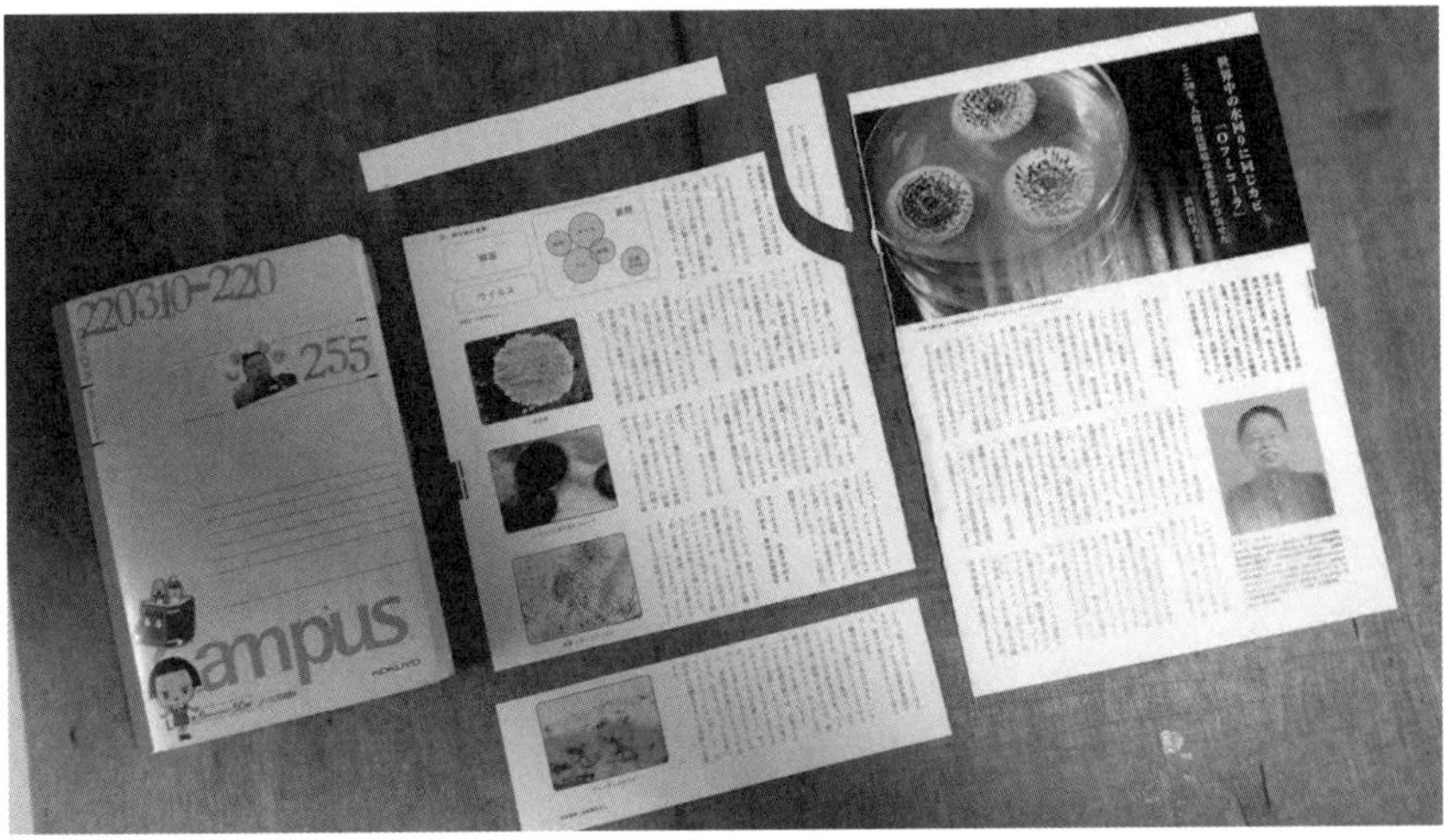

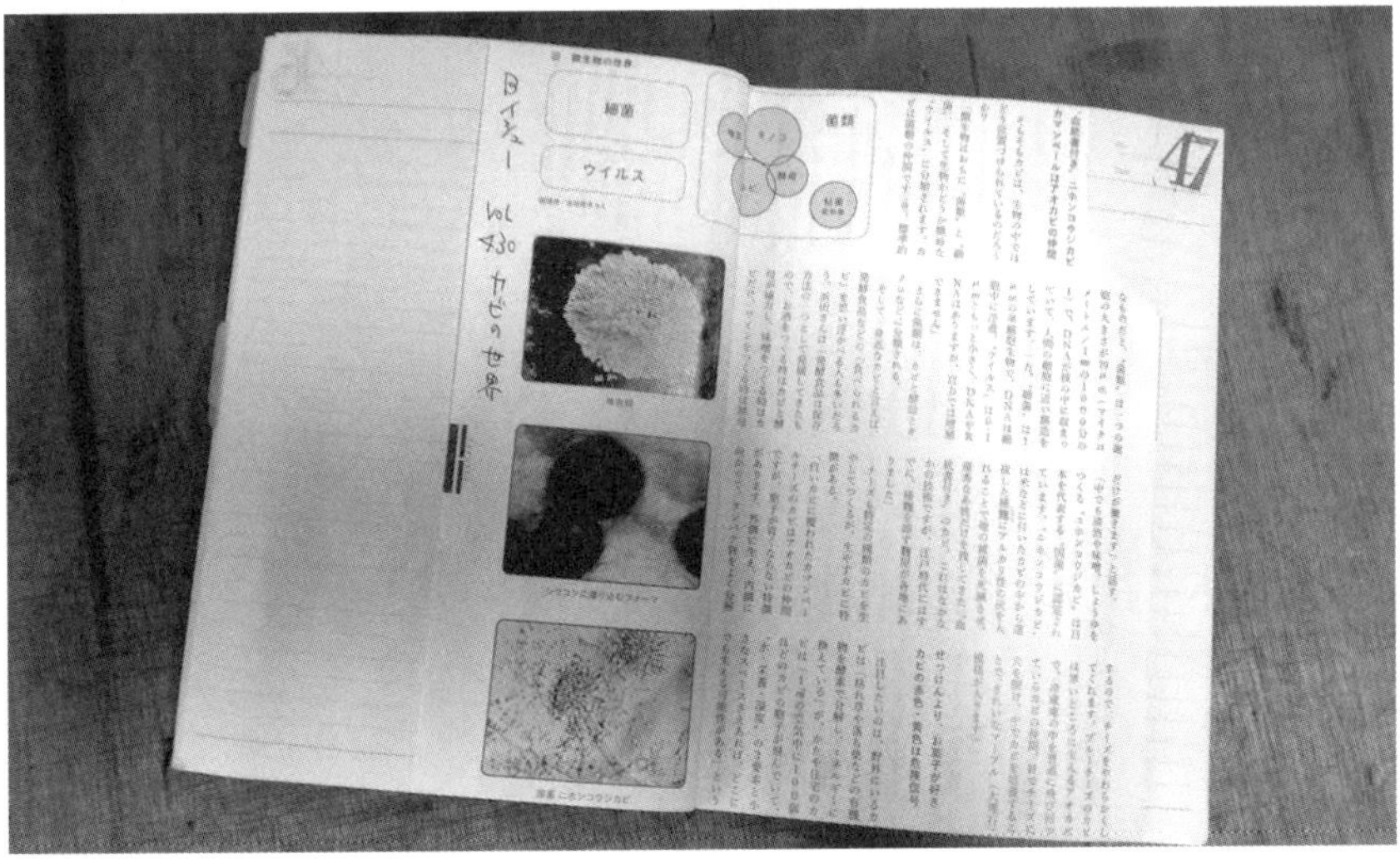

複数のページにわたる記事を刈り込んでノートに貼る

もともとは日記代わりに始めたものが、頭に残すことを重視した結果、こうなってしまいました。記事以外のものがたくさんある方が紙面にバリエーション豊富で印象に残りやすい。また行動記録とリンクすることで記憶の整理にもつながります。

そんなの面倒じゃない？　と聞かれれば「その通り」と答えるしかありません。しかし「頭に残る」メリットは他に代えられない。それに過不足ない切り抜きができたときは達成感もあるし、最後まで使い切ったノートを読み返すとき、自分で醸（かも）した酒を飲むような喜びがある……というのは少しオーバーですが、「楽しいから続いている」のはたしかです。

こういうのは受験勉強や就職活動と違って一生やることですから、義務感では続きません。

定期購読する雑誌や新聞をいろいろ試行錯誤したり、「推し」の書き手や連載を見つけたりと、楽しみながら続けられるような仕組み作りを心がけましょう。「頭に残る」という効果が出るまで、少なくとも1カ月は試してみてください。メリットさえ実感できれば、風呂や歯磨きと同じような習慣になります。

習慣 191
「切り抜きノート」は持ち歩けるサイズを

習慣 192
必ず厳選した上で切り抜く

習慣 193
出典は書き忘れても気にしない

習慣 194
義務感ではなく楽しみながら継続

主観を信じて切り抜く

前項でも少し触れた通り、切り抜きノートの最重要ポイントは「厳選」です。

まずは「切り抜き」自体を少なくすること。もし貼り付け作業が追いつかないくらい切り抜きが出てくるというなら、この厳選がまったくできていません。

逆に、たくさんの新聞・雑誌に目を通しても、切り抜きたいものが出てこず「もっとないのかな？」となるようなケースが理想です。

前者のように切り抜きに埋もれるのは、だいたい「主観的に重要なもの」以外まで保管しようとするからです。

代表的なものに、自分が働く業界の記事や地元のニュースなどがあるでしょう。こういう記事に目を留めて「取っておこう」と思うのは、だいたい「後で参照するかもしれない」「何かの役に立つかも」と考えるからであって、本当に心からそれを求めているわけではありません。

また、△△新聞のスクープだとか週刊××の総力特集だとか、めったにメディアに登場しない有名人のインタビューだとか、そういう「客観的に重要なもの」もいっさい相手にしてはいけません。

判断基準は主観だけ。主観的な重要性やおもしろさです。

たとえば、自分が読んでグッとくるか、繰り返し味わいたいか、自分が抱える課題のヒントになりそうか、といったこと。そういうものだけ、切り抜いて繰り返し触れることによって「頭に残す」ことができる。

「主観的に重要なもの」以外のものは、しばらく経って見るとまったく魅力がないもので、もちろん頭に残すこともできません。いや、そもそも残しておく動機がないはずです。頭に残したくないものを記憶するのは「勉強」ですから、本書では扱いません。

りますなく、害にもな「主観的に重要なもの」以外の切り抜きは、ただ無駄であるだけでなく、害にもなります。

ひと月後に切り抜きノートを開いたとき、そういうものが収録されていると、興醒めするのです。いくら「こりゃすごい！」という切り抜きを集めても、その中にどうでもいいものがあると全体的な魅力を損なう。そうなると、読み返しやマーキングといった活用にも支障が出てしまう。要するに足をひっぱるのです。

このあたりの感覚は、先ほど述べた「本棚の魅力」の話にも通じます。

本棚の場合、どうでもいいものは除籍すればいいのに対して、「切り抜きノート」はいったん貼り付けたら取り除けない。ノートの中の不要な記事は延々と毒を垂れ流す、というのは大げさですが、それくらいの緊張感をもって、切り抜くべきものを選び抜くべきでしょう。

慣れないうちは、切り抜きをいったんストックしておくのもいい方法です。ノートに貼っておきたいと思った記事は、いったんクリアファイルに入れておき、1週間以上経ってから再チェックします。

こうすると初めて読んだときの興奮はすっかり薄れているので、冷静に主観的な基準だけでテキストを評価することができる。私も「切り抜きが多くて大変だな」と思ったときは、このアプローチで減らしています。

時事ニュースなどの記事は時間の経過とともに魅力が落ちていきます。残念ながら、どれだけ衝撃的な事件や大きな政局でも1カ月も経てばすっかり慣れてしまって、「そんなのあったね」といった感じになる。逆に言えば、ひと月後にまたチェックしてもまだ引き込まれる魅力に溢れているなら、それは文句なしの「主観的に重要」な記事というわけです。

習慣195 「なにかの役に立つかも」は禁物

習慣196 切り抜くのは「主観的に重要」なものだけ

習慣197 多すぎるときは「切り抜き候補ファイル」を使う

習慣198 しばらく寝かせることで冷静に評価

極意としての「刈り込み」

「厳選」はこれで終わりではありません。

主観的に重要な記事をちゃんと選びぬくことができたら、次はノートに貼る前に刈り込んで凝縮しましょう。ぜんぶ貼りたくなるのをぐっとこらえて、さらなるテキストの厳選を行います。そして「本当に大事なところ」だけをノートに収録するのです。

これはひじょうに大切な工程であり、切り抜きノートの真髄です。

べつに貼り付け方が下手でもいいんです。日付や出典を書き忘れるのも仕方ない。たまに時系列が狂うのもやむをえないでしょう。

でも、雑誌の記事を最初から最後まで長々と貼り付けたり、新聞記事を折り畳んで貼るのだけはやめてください。そのまま貼れる小さなコラムであっても、じっくりと読み込んで、段落や行をハサミで刈り込んでからノートに貼り付けるのです。

目安は、マーカーで線を引きたくなるようなテキストが7、8割を占めていて、かつギリギリ記事の趣旨がつかめること。「これ以上カットしたら何の話かわからなくなる！」と危機感を覚えるくらいが理想です。

このスマホ時代に、死ぬほど面倒くさいことを求めているのは自覚しています。しかし、残念ながらこの「ひと手間」を経ずに頭に残すことはできません。なぜなら「刈り込み」という行為そのものが、自分とテキストとの関係をガラリと変質させるからです。

たとえて言うなら、ただ読んでおもしろいと思うのは、まだ「片思い」のような状態です。本当は最初から最後まで収録したいけれど、じっくり読み込んで思考をめぐらし、あえて記事中のベスト・オブ・ベストな部分だけを選び抜いて切り出し、ノートに収録する――。

そうすることで、自分とテキストとの関係は一線を越えることができる。つまり「特別な印象」として頭に残るのです。

ありていに言えば、「刈り込みは頭に入るくらい読み込まないと不可能だ」「頭に残るくらい読み込めば刈り込みもできる」ということです。


ものすごく感心した記事や「わが意を得たり」と思った文章は、そのまま残しておきたいのが人情でしょう。それでもぐっとこらえて、その中から「どうしてもここだけは！」と思った部分だけを切り抜いて、後は捨て去る。そのためには、何度もリーディングを重ねて内容を理解する必要があります。

ある部分から先をカットしようとするときも、「本当にこれでいいのか？」と考えることになるし、ページの表裏にまたがる記事を貼り付けるときなんかには、後戻りできない決断をしなくちゃいけない。まるで外科手術のような緊張感があります。

迷いや葛藤を乗り越えてハサミを入れ、ノートに収めることで、ただの「重要な記事」が「自分の考えが込められた切り抜き」へと変貌するのです。

このような工程をくぐり抜けた切り抜きは、自分が書いたテキストではないにもかかわらず、自分なりの価値観や判断基準、思考の痕跡が色濃く残ったものになります。

ここで、そこまで抽出しなくても、そこそこ厳選した切り抜きノートを作ることができれば充分なのでは？　と思うかもしれません。

たしかに出来上がるノートという結果だけ見れば、大差ないでしょう。いや、むしろ「刈り込み」なんかしないで、記事単位で残しておいた方がスッキリして見やすいかもしれない。

しかし、それではダメなのです。

目的は「頭に残すこと」であって、「切り抜きノートの作成」ではありません。

厳選に厳選を重ねた記事をさらに何度も読み返しながら、

「ここだけ残すと、後で意味がわからなくなるリスクがあるな……」

「いい文章だけれど、後で同様のことを述べた部分の方が紙一重で優れているような気がする」

「前半のインパクトを強化するために後半は涙をのんでカットしてはどうか」

と、懊悩（おうのう）する過程そのものに意味があるのです。

こういった行為は、自分の考えを整理し、深めていく上でも重要です。

若い人のよくある悩みに「自分の考えがうまくまとまらない」「やりたいことや言いたいことが見つけられない」「自分の価値観や生き方の軸が定まらない」というのがあります。

こんな人ほど騙されたと思って本棚の手入れや切り抜きノートをやってみてください。続けているうちに自分の考えの輪郭に触れる瞬間が必ず出てくるからです。

これは持論なのですが、そもそも「自分が何をどんなふうに考えているのか」というのは、直接的には観測できないものではないでしょうか。

そういうのは自らの具体的な言動や選択など、何らかの行為に反映されているほんの一瞬だけ発露するものであって、はっきりと認識することはできない。鏡やカメラといったものに頼らずに自分の姿を見ようとするようなものです。

だれかの問いかけに答えたり意見を交わしたりするのは、自分の考えに触れるのにもっともよい方法です。

たとえば「恋愛」について自分の考えを書け、と言われたらほとんどの人は尻込みしてしまうでしょう。しかし、友達の恋愛話であれば、ノリノリで話す人も多いはずです。そこで発する言葉には、間違いなく自分の考えが入り込んでいる。こういうのが「何かに反映されたとき、かろうじて姿を現す」の具体的な事例です。

記事の厳選や刈り込みは、何らかの価値観や評価基準といったものがなければできません。

しかも、テキストを趣旨がわからなくなる寸前まで絞り込もうとすればするほど、より切迫した真摯なかたちにならざるを得ない。そんなシビアな判断に基づいて手を動かすとき、必然的に「自分の考え」が表出するのです。

つまり、何か明確な考えがあるから刈り込みができるのではなく、刈り込みをするから考えが明確になるわけです。そういう意味では、切り抜く記事を選ぶのは下準備であって、刈り込みこそが本番といえます。

自分の興味や関心といったものは、本棚の手入れをしているときに浮かび上がります。同様に、自分の価値観やものの見方は、本気で切り抜きノートを作っている瞬間に立ち現れる。「自分の考え」を内面に求めてもうまく見つかりません。それは何かに本気で関わっているときに飛ぶ火花のようなものだからです。

切り抜きに感想や思考のメモを書き加える必要はありません。刈り込んだテキスト自体が、当時の考えを物語るからです。

正直、私もたまに「なんでこんなテキストを切り抜いたんだろう？」と首を傾げるケースがあります。それでも真剣に刈り込みをやった印象が残っていれば、すぐに当時の感覚を取り戻すことができる。その切り抜きには、自分の考えが刻み込まれているからです。

つまり、切り抜きノートとは自己精神の影なのです。

習慣 199 「刈り込み」でさらに凝縮する

習慣 200 ギリギリ趣旨がわかるレベルに短縮

習慣 201 緊張感と葛藤で印象を強化

習慣 202 「刈り込み」を通じて自分の考えに触れる

「1日1切り抜き」のリズム

話を戻して、ここからは具体的にどのように日常生活で切り抜きノートを続けていくか、継続のヒントをお話しします。

やはりキーワードは「毎日コツコツ」です。

週末に一気にやると楽しみではなく苦行になってしまうし、歯を食いしばっても続きません。切り抜きノートを20年以上も続けている私が言うのだから、信じてください。

おすすめは「1日1切り抜き」です。

達成できなくてもいいから、とにかく1日のうちどこかのタイミングで「さあ、切り抜くに値するものはないか」と、新聞や雑誌に当たる。5分くらい探して、お眼鏡にかなうものが出てきたら（もちろん厳選せねばなりません）、その場で「刈り込み」をしてノートに貼る。

そんなことをしている時間がないときは「発見」をもって目標達成にして、作業は後日に回してもいいでしょう。これで、コンスタントに2日に1つ程度の切り抜きをノートに加えていくことができます。

手強いものが出てきたら、何日もかけてじっくり料理してください。

たとえば「これはものすごく大事なインタビューだ」と思ったら、その日はページを切り取るだけにしておいて、2日目、3日目と反復でリーディングし、充分に「腹落ち」させてから刈り込みに入ります。

どれだけ最初から最後までよくできた記事であっても、刈り込み後のボリュームは半分以下、できれば4分の1くらいにしたいところです。

ページの表裏で競合してしまうときはどうするか。もちろんコピーをとれば解決するけれど、私はこれも本当に大事なものを見抜く訓練だと考えて、必ずどちらかを殺すことにしています。

新聞や雑誌だけでなく、図書館で借りた本も「切り抜きノート」の対象です。といってもハサミで切るのではなく、1、2枚の「ベストページ」だけコピーを取って刈り込み処理したものをノートに収録しておきます。

前述したように、本当にいい本は買うことにしているので、これをやるのは多くの場合「ギリギリそこまで達しなかった本」です。全体的には凡作であっても一部キラリと光るページがあれば、そこだけはわがノートに迎え入れる。これが優れたテキストに対する礼儀というものです。

それなりに読ませる部分がいくつもあるような本の場合、「ここがベスト」と胸を張れるようなページを決めるのはなかなか骨が折れます。しかし、何枚もコピーを取ってしまうと収拾がつかなくなるし、このまま返却しては手元に何も残らない。ではどうする――。と、腹を決めて5分くらい頭をフル回転させながら探すと、だいたい成功します。

この過程で読み込みが進むので頭に残りやすい上、後でノートを読み返したときも「よくぞこのページを残してくれた」とうれしくなる。残されたコピーは、わずかな時間であれこの本と一緒に過ごした証(あかし)であり、記念のツーショット写真です。

以上のように、「1日1切り抜き」はノルマではなく、「毎日、短時間でも切り抜きノートに関わる作業をする」程度に捉えておいてください。繰り返しになりますが、義務感では続きません。読み手としての目と頭脳、テキストを扱う者としての腕を磨くためのトレーニングだと考えてください。といっても、長く続けていれば、そのうち鼻歌まじりでできるようになります。

私は、この分野(切り抜き)にかけては、もはや達人級ではないかと思うことがあります。だとしても、これからも切り抜きをやっていく。まだまだ日々進歩しているのを感じるし、この先にどんな世界が見えてくるか、単純に楽しみだからです。

なお、電子コンテンツは切り抜きに向きません。

たまに、電子版（紙面レイアウト）の雑誌や新聞をプリントしてノートにスクラップすることがあります。これなら紙で買い直すより手間はかからないものの、後で見返すとかなり物足りない印象で、目に留まりません。コピー用紙の印刷では誌面が持っている迫力は再現できないのです。

電子版の記事を頭に残したいなら、キャプチャしたりプリントしたりとあれこれ策を弄するより、いっそ実物を買って「紙チェンジ」した上で、切り抜きをする方がいいでしょう。

習慣 203
毎日ひとつ「切り抜きカ所」を見つける

習慣 204
手強い記事は充分「腹落ち」させてから

習慣 205
5分でいいから毎日、手を付ける

習慣 206
図書館本の返却前に「記念コピー」

めちゃくちゃメンドイ、
その作業が育む
「あなただけの言葉」

STEP 03

マーキングと書き込み

印象に穿つ「多重マーキング」

　ここまで何度も「再読」という言葉を使ってきました。

　再読とは言うまでもなく繰り返し読むことですが、たとえば読み終えた本をまた最初から最後まで「再読」する人は、少ないのではないかと思います。たいていは「重要な章だけ」「短編集のベスト作品を」といった具合に、部分的に読み返すでしょう。

　私もそうです。

では、そんな「いいところ」をどのように浮き上がらせておけばいいのか。古今東西、読み手たちは試行錯誤してきました。

もっとも古典的な方法はペンです。アンダーラインや波線を引いたり、矢印を書き加えたりします。赤や青のペンを使う人もいれば「消せるから」と鉛筆を愛用する人もいる。「道具を選ばない」という点では優れているものの、欠点は見た目がごちゃごちゃすることでしょう。電車の中や膝の上でまっすぐな線を引くのはけっこう難しいのです。

現代においてポピュラーな方法が付箋です。フィルム状の小さな付箋を使えば、読むときの邪魔にもならない。ただ付箋によって指し示すことができるのはページや行であって、テキストをピンポイントで指し示すのには向きません。それに持ち歩くのがちょっと面倒です。

私は「ベストな方法」を求めて、マーカーと付箋を併用しています。手前味噌ですが、かなりいい線いってると思うので、その手法を紹介しておきましょう。名付けて「多重マーキング」です。

・初回のマーキング

最初のマーキングは、蛍光イエローのマーカーに固定しておきます。理由は、あまり目立たずコピーしても映らないからです。これは躊躇せずどんどん引いていい。

さすがにページをぜんぶ黄色にしたりはしないけれど、見開きの半分くらいやってしまうときもあります。引きすぎてどこか重要かわからなくなっても気にしない。これは、第一段階といっても全行程から見れば下準備に過ぎないからです。欲望のままにどんどんマーキングするとすぐインクが無くなるので、黄色マーカーは大量にストックしてあります。これこそ〝俺色に染まったテキスト〟であり、マーキングの初期状態です。

・2回目のマーキング

何かのタイミングで黄色マーキングされたところを読み返したら、こんどは別の色のマーカーで重ね塗りしておきます。これは、ピンクやオレンジ、ブルーなど、ハッキリした色のマーカーを選びましょう。

黄緑などの淡いカラーだと黄色との違いがハッキリせずつまらないからです。黄色の上に青や赤を重ねると、やや緑や朱に近い色味となります。書籍の場合、上塗りの色は「裏写り」にも配慮して選びましょう。

以上でマーカーの出番は終わりです。青の上からさらに赤、といったふうにどんどん重ねていくこともできるけれど、3色以上の重ね塗りは汚い色になるので勧めません。どうしてもマーカーを3回以上重ねたい人は「マイルドカラー」と呼ばれる淡い色のものを使って「マイルド黄色↓黄色↓マイルド青↓青」という具合にやってみてください。

・3回目のマーキング

そこで、3回目のマーキングではスタンプを使います。

これは「ここに注目」ということを表せれば、どんなものでも構いません。私は使い古しの消しゴムをカッターで削って自作しました。印影はシンプルにタテ長の「▼」です。2色のマーカーでハイライトされたテキストをさらに「ここが心臓だ！」と強調するときに使います。

これを油性の赤インクで押したときの効果は絶大で、指し示されたテキストはページの支配者として君臨することになります。

・4回目以降のマーキング

さらに強調したいときはどうすればいいの？　といった声に対しては「やめてお

本のマーキング例

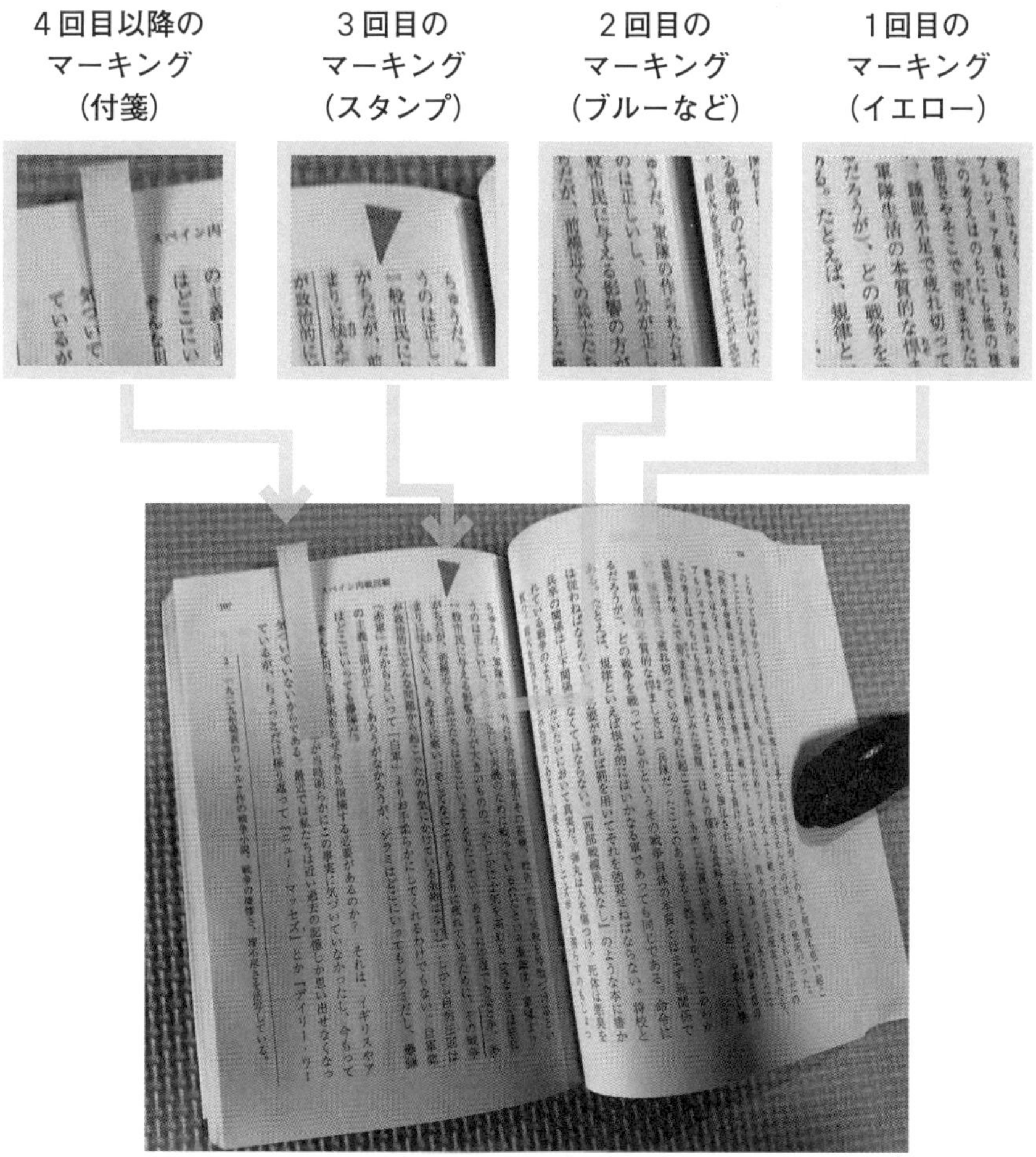

大事な文章がハッキリわかる「多重マーキング」
※勢いあまってさらに鉛筆で線を引いてしまった

け」と言っておきます。

マーカーでハイライトしたテキストに赤ペンでアンダーラインを引いたり、傍点を加えたりすることはいちおう可能です。しかしこれ、やってみると一目瞭然なのですが、かなりうるさくて読みにくい。こういうのはマーカーが手元にないときの非常手段としておくべきでしょう。

そんなわけで、4回目以降は付箋がおすすめです。

フィルム状の小さいものをページの上に飛び出させておくのもいいし、紙の付箋を貼って感想を書き入れてもいいでしょう。本に書き込みをするとき、漢字を間違えたりするとかなり凹むけれど、付箋なら安心です。また心境の変化によって過去の自分のコメントがうっとうしくなってきたら、剥がしてしまえばいいのです。

付箋は最初から使うのではなく、「やり直しが効くマーキング手段」として終盤まで温存しておきましょう。

この作業も切り抜きノートや本棚の手入れと同じで、結果より過程が大切です。目的は「いいところがハイライトされた本を作ること」ではなく「マーキングを通じてテキストとの特別な関係を築き上げ、頭に残すこと」。この意識を忘れないようにしてください。

習慣207 ピンとくるテキストはどんどん黄色マーカー

習慣208 再読した重要箇所は青やピンクで重ねる

習慣209 「ここに注目」スタンプでさらに強調

習慣210 付箋メモは「奥の手」にとっておく

「強調のヒエラルキー」

黄色のマーカーの上から赤や青のマーカーを重ねて、とどめに赤のスタンプ——。

前項で紹介した「多重マーキング」とは、このように1行で書けることに過ぎません。ただし、一連の行為には頭に残しやすくするためのマナーがあります。

ひとことで言えば、重要なテキストをマーキングの過程で徐々に絞り込んでいくこと。私はこれを「強調のヒエラルキー」とよんでいます。

先ほど「黄色のマーカーは躊躇せずどんどん引く」と書きました。これは言葉通りで、ほんとうにページのすべてを黄色にしてもかまわない。気が済むまで、手が疲れるくらい引いてください。筋肉もそれがすばらしいテキストであることを覚えてくれます。

しかし、ここから先は規律が求められます。

赤や青のマーカーを重ねるときは、必ず黄色より少なく引くのです。たとえば5行の段落すべてが黄色になっているなら、2回目のマーカーはその半分以下、できれば1、2行に絞り込む。もし、ひとつの文（文頭からマルまで）がすべて黄色になっているなら、その中のキーワードやキーフレーズだけにマーカーを重ねます。

そして、最後がスタンプです。

これはプロレスでいう〝フィニッシュホールド〟ですから、美しく決めなければなりません。何カ所も押したり、インクの色を変えて繰り返したりするのは邪道です。「スタンプできるのは視界の中で1カ所だけ」と考えておく方がいいでしょう。

書籍であれば見開き中の1カ所、切り抜きも同じく1枚に1カ所。そのテキストの心臓を貫く。失敗は許されない。「こすって消せるインク」とか、中途半端な存在を介入させてはいけません。

ブラウジングにリーディング、マーキングを乗り越えた〝歴戦の勇者〟に己のすべてを込めた一撃を放つ──。「一発で決めねば殺される。一発だから腹が据わるのだ」（漫画『ゴールデンカムイ』に登場する猟師、二瓶鉄造の言葉）の精神です。

さて、ここまで説明すればもうおわかりでしょう。テキストの「強調」はスタンプを頂点に、赤・青マーカー、黄色マーカーという序列があるのです。

黄色マーカーを引かれて入門したテキストたちは、青や赤マーカーといった地位を争い、番付を上げていく。そして、ナンバーワンの強者だけがスタンプを得て、横綱として名を残すわけです。

といっても、たまに横綱が平幕に負けることもあるのと同じで、「スタンプされたテキストが本当に最強なのか」は、微妙なこともあります。しかし、それでも「総合的に見て、どのテキストが最高か」を繰り返し吟味し、必死で考えるというプロセスが大切なのです。

「押したいカ所が、どうしても2カ所あって決断できない」「決断したのにスタンプを押す手が震える」といった具合に、状況がシリアスであればあるほど対象との関係は深まり、そのテキストは心象に穿（う）ち込まれる。

また違和感のない場所にスタンプが押されていると、ひじょうに気分がいい。何度もページを開きたくなるから、さらに再読が進むわけです。こうなるともう「だれかのテキスト」ではなく「自分のもの」という感覚になってきます。

本の場合、見開きに1カ所であってもスタンプのあるページが多いと、めくっていてうるさい感じがするので、1冊につき10カ所以下程度にしておいた方がいいでしょう。

「頂点を超えた神の領域」など、さらに突き詰めたヒエラルキーを設定したい人は、付箋やシールなどを使ってチャレンジしてみてください。

習慣 211
「強調」は繰り返しながら絞り込む

習慣 212
マーカーを重ねるテキストは初回より少なく

習慣 213
1カ所のスタンプで「とどめ」を刺す

コメントより「記号・タイトル」

ここまでマーキングを熱く語っておいてなんですが、私は、本に書き込みをすることはほとんどありません。

過去には感想をメモしていた時期もあったものの、やめてしまいました。

理由は高確率で再読の邪魔になるからです。本を読み返していて、過去の自分が書いたコメントが出てきて役に立ったり、おもしろかったりするケースというのは、ほとんどないのです。逆に「うわぁ……」みたいな気分にさせられることはたくさんあるのに。

しかし、書き込みがすべてダメだとは思いません。「自分の考えを残しておくため」ではなく、切り抜きや本のあるページをいっそう印象深いものにするために、何か書き込んでおくのです。これなら、後で見て恥ずかしい気持ちになることもないでしょう。

代表的なものに「クロスレファレンス」があります。

これは辞書や受験用の参考書に出てくる「××ページを見よ」のような相互参照の仕組みです。「ある重要なキーワードが、だいぶ離れたページでまた出てくる」「前半で扱われた特定のトピックについて、後半で思い出したように語られる」といった場合に使うと便利だし、頭に残りやすくなります。

たとえば、自伝の名著として知られる福沢諭吉の『福翁自伝』には、村田蔵六（大村益次郎）が2回登場します。そこで、初出の「村田蔵六」にアンダーラインを引き、下の余白に再登場のページを「→P.182」と書き込む。そして、182ページの方も同様に村田蔵六を強調して「→P.124」と初出ページを書いておく。これで二つのページ間をジャンプできるようになる。道標があるハイキングコースみたいなもので、心理的にもラクです。

カバー裏に索引を作るよりもはるかに簡単だし、パラパラめくっていてこれが現れると愉快です。クロスレファレンスはシンプルで手間もかからないわりに、本の楽しみ方を大幅に広げてくれます。そして何より、なんの主張もない点がすばらしい。

また古典や随筆集など、あまり構成が整理されていない本を読みこなすときの必須テクニックでもあります。本を読んでいて「この人物だれだっけ?」とページを戻ったときは、ついでに書き込んでおきましょう。読むのに悪戦苦闘するような本

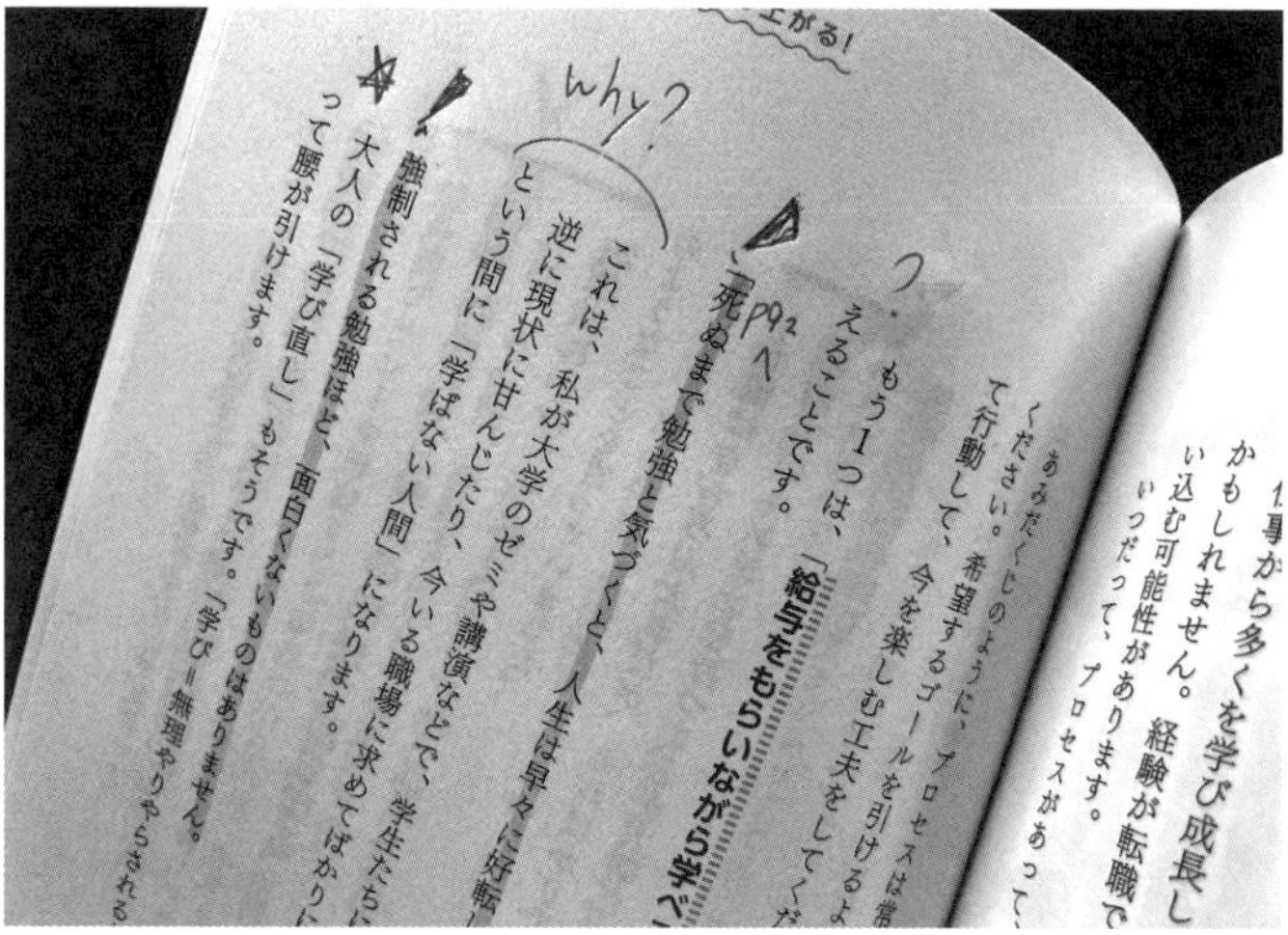

感想は言葉より記号で表現する

も、少しずつ御しやすくなっていきます。

このクロスレファレンスのように、書き込みはなるべく言葉をつづるより記号で表現した方がいいような気がします。久々に読み返した本に「なるほど！」「おもしろい！」といったメモがあると、「字が汚ない……」とか思ってしまうので、代わりに「！」だけ書いておくといった具合です。次のように記号を使い分ければ、おおよその「評価」はだいたい残しておけます。

！：知らなかった・なるほど・へぇー

？：何かひっかかる・不思議だ

☆：すごい・とても興味深い・ショック

もっと強く頭に残したいときは、言葉を書き込むこともあります（といっても付箋で「取り外し可」にしておくのですが）。その場合は、後で目についたときのこと考えて、「新規タイトル」を付けるような感覚でメモを残しておきます。

タイトルといっても、凝った言葉を選ぶ必要はありません。「××とは？」「なぜ△△なのか？」「○○はどうなる？」など、シンプルなものにしましょう。「××について」「△△の話」はインパクト不足で印象に残らないので、なるべくWHAT・WHY・HOWを意識した疑問形のタイトルを付けるようにする。

つまり、自分のコメントをそのままつづるのではなく、疑問や問題意識のかたちに「パッケージ加工」する。これはタイトルや見出しであると同時に要約であり、感想を内包しています。自分が何を考えていたかは「なぜこんなタイトルを付けたか」から、間接的に浮かび上がらせられるのです。

これも、メモや記録というより「印象の強化策」の一部です。

本編ストーリーの一部を切り取って劇場映画にした『鬼滅の刃・無限列車編』のように、自らの手でお気に入り部分を「独立」させ、自分だけのリゾートにしてしまうのです。

マーキング後にこのような書き込みまでやってしまうと、頭に残るどころか、忘れたくても忘れられないくらいになるでしょう。目に焼き付け、体に刻み込んだテキストの展開や型、表現作法は、自分で文章を書くときの強力な武器になります。

習慣 214
「クロスレファレンス」を多用する

習慣 216
疑問形のタイトルで「独立」させる

習慣 215
感想は記号で残していく

本と遊ぶ、連れ歩く

頭に残すために、「何度も繰り返し触れること」が重要であるのは言うまでもありません。

試験前の一夜漬けはまったく身につかないけれど、日々コツコツやった反復学習はずっと頭の片隅に残り続けるのと同じです。

マーキングは、テキストに繰り返し触れるための仕組みであり、ある程度やれば「終わり」が来ます。しかし、本との付き合いに「終わり」はありません。マーキングを終えてからも、年に何度か折りに触れて開いてみたり、外出時に持っていって読み返したりすることで、「頭に残っている状態」を末永くキープできる。どんな建物でも定期的なメンテナンスが必要になるのと同じです。

面倒くさそうに聞こえるかもしれませんが、ここまで説明してきた通りにしていれば、手元には再読したくなるような本だけが残っているはずなので、心配は要りません。マーキングや書き込みが入った特別な本と、さらに年月をかけて親密な関係を築いていくことができるのです。

では、具体的にどんなふうに付き合っていけばいいのか。

私がよくやるのが愛読書のカスタマイズです。

マーキングが終わってからも、開くたびに「やっぱりこれはすごい本だ」と思ったら、まずは梱包用のOPPテープを使ってカバーを固定します。

図書館の本のように全体をフィルムで包むのではなく、カバーを前後でくるりと巻いてズレないようにする。これで一気にラフに扱えるようになります。カバンの中でもみくちゃになってもカバーが折れたり破れたりする可能性が少ないので、旅

愛読書はOPPテープで永久保存版に

行にも気軽に持っていける。また耐久性の高いOPPテープは補修にも便利です。たまにカバーの破れや角の擦り切れなどのメンテをしてあげると、さらに仲良くなれます。

あとは「一緒に遊ぶ」ことがコツだと思います。

通勤や通学のときに読むだけじゃなく、キッチンで焼いたり煮込んだりする合間にパラパラ見るとか、トイレに置いてたまにめくってみたり、といった具合です。もちろん、散歩のお供や酒の肴にするのもアリ。恐竜や乗り物の図鑑を繰り返し眺める子供のように、生活の中で楽しみましょう。

読み終わって本棚に戻すときも、ベス

トな場所を考えます。スペースに余裕があれば書店のように「面出し」にするのもいいでしょう。書見台があれば、花や絵のようにインテリアの一部としても活用できます。私は開いた地図帳の上に、透明のテーブルクロスをかけて食事することもあります。ちょっと凸凹するけれど、これが意外に楽しい。

本をいろんな場所に連れて行くのもいいでしょう。

たとえば、私は愛読書をよく出張に持っていきます。

じゃあ滞在する場所や移動中に読むのか、というと案外そうでもありません。ホテルの机やベッドサイドに置くだけで、ほとんど読まなかったりする。ひどい場合はカバンから一度も取り出さないで、そのまま家に帰ってくる。さすがに後者はミスったと思うけれど、「持って行ったのに2、3ページしか読まなかった」は、充分アリだと思っています。そのぶん愛読書との間柄を深められたからです。

旅行のパンフレットなんかには、よく「のんびり外で読書」といったイメージ写真がありますが、ああいうのは、天候や気温、日差し、風向きといったよほどの好条件が重ならないとできません。ビーチで本を開くと砂だらけになり、山に持っていくと汗や雨で濡れるのが関の山です。

それでも強風や酷暑の中、たとえ数分であろうと同じ時間を過ごせば、強い印象を残せます。たとえば山の展望台に気持ちのいいベンチがあったら、5分ほど文庫本をパラパラと開いてみましょう。スペシャルな場所でその本に触れたという体験が自分の中で大きな価値を持ちます。

こんなふうに特別な思い出になるなら、多少カバンが重くなってもいい。ハイキングやサイクリングに行くときは、アウトドア用の防水バッグにノートや本を入れておくといいでしょう。大雨に降られても安心です。

つまり、本と深く付き合うコツは、まず身近な場所に置いて日々触れること、そして旅先や自然の中など、いろいろなシチュエーションで、同じ時間を過ごすこと。再読は本棚の前や書斎でやるものとは限らないのです。

習慣 217
梱包用のテープで本を「愛蔵化」

習慣 218
トイレやキッチンで開いたり、散歩のお供にも

習慣 219
旅行に持参し「とっておきの場所」で少し読む

習慣 220
あえて自然の中で愛読書を開く

再読と「聖地巡礼」

「うわ、あの本を読み返したくなってきた……」

「帰ったらあの本をチェックしなくちゃ」

「あっ、これはあの本に出てきたヤツだ！」

と、家に帰るやいなや上着も脱がずに本棚を探す——。

こういった行動に導く頭の働きを私は「再読回路」と呼んでいます。

歴史物の映画を見ていたら同時代を扱った本を参照したくなるとか、ラジオを聞いていたら作家のインタビューが流れてきて、その人の作品を読み返してみたくなるとかいった経験はだれにもあるでしょう。

このような機会があれば、必ず行動しましょう。そのうちに回路として鍛え上げられてきます。

この点で電子書籍はものすごく便利です。マーキングしたり、旅行に連れて行くのは紙の本で、外出先でちょっと確認したいときは電子版をスマホで見るというふうに使い分けます。さらにオーディオ版も入手しておけば鬼に金棒でしょう。再読回路を封じ込めずに、耳で読み返しができます。反対にオーディオ版を聞いていて、紙バージョンでどんなふうにマーキングされているか確認したくなることもある。バージョン違いを買いそろえておくことで、このような「マルチメディア再読」が可能になるのです。

オーディオ版がない場合は、ネット動画を活用するといいでしょう。

ある大学教授の本が気に入ったら、その人が公開講座で話している動画を見てみる。すると「あ、本に出てきた人物の話してる！」と気づいたり、逆に本を読み返していて「講演で言っていた事件ってコレのことか……」と納得したり、といった対照化を起こせます。

さらに機会があれば、著者に会ってみましょう。といってもツイッターにリプライを飛ばして……とかじゃなくて、講演会や書店イベントがあれば足を運んでみるのです。

べつにサインをもらったり名刺交換したりする必要はありません。「へー、こんな人がアレを書いたのか」といった印象が残れば、またその本に向き合う動機ができるし、得られる感覚にも変化が現れるからです。

さらに、アニメや映画のファンがやっている「聖地巡礼」のように、現場に行ってみることも、再読のいいきっかけになります。

たとえば日本史の本や歴史小説などを読んだなら、本で紹介されていた史跡や人物ゆかりの土地や神社仏閣などに足を運んでみる。わざわざ旅行しなくても、意外と地元の街道沿いにゆかりの地があったりするものなので、探してみるといいでしょう。

史跡のほかにも小説の舞台や作家の出身地など、さまざまな「聖地」があります。

私は紀行作家の宮脇俊三が好きなので、いつも出張に行くときは、彼の鉄道旅行記や史跡巡りのエッセイに書かれた土地を探してみることにしています。

こういう行為は一昔前ならすごく手間のかかることでしたが、今はスマホの地図や乗換案内もあるので簡単にできる。観光シーズンの乗り放題きっぷのほか、近年増えてきたシェアサイクル（乗り捨て可）などを活用すれば、見知らぬ不便な土地でも自由自在に行動できるでしょう。

聖地巡礼とはちょっと違うかもしれませんが、私は数年前、『フォッサマグナ 日本列島を分断する巨大地溝の正体』（講談社／藤岡換太郎）を塩尻から甲府に向かう電車の中で読んだのをはっきり覚えています。近所で買ってみたものの、いまいち頭に入ってこなかったので「フォッサマグナを通りながら読めばいいのかも」とひらめいて旅行のお供にしたのです。

再読回路で愛読書との仲を深める

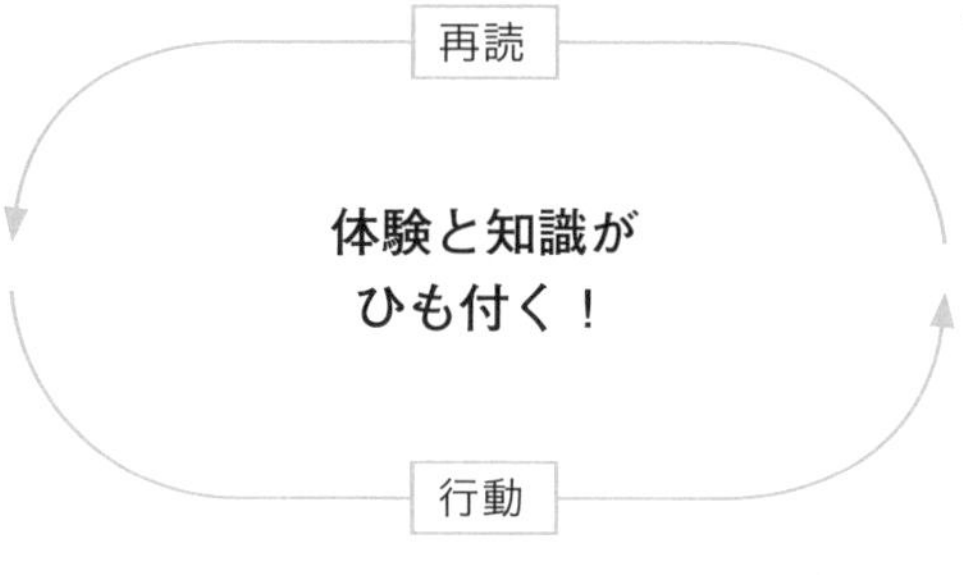

著者と会う

現地に行く

地学の知識がちゃんと頭に入ったかはともかく、この本は私にとって忘れられない1冊になりました。フォッサマグナと〝因縁〟ができたわけです。

このように体験と知識とを「ひも付け」するのは、頭に残すために欠かせない手法です。

ほかにも日本史の本を読んでから考古学や歴史の博物館に行くとか、地学や鉱物の本を読んでから科学館に標本を見に行くとかいったアプローチがあるでしょう。たとえば、「鉄の処女（アイアン・メイデン）」というマンガやゲームによく出てくる処刑道具があるのですが、なんと実物は明治大学博物館に展示されています。私も大昔にたまたま見て「ああ、本当にこういうものがあったのか……」と衝撃を受けました。やはり情報として知った上で、現物を目の前にすると強く印象に残ります。

歴史の本を読む人は、古戦場や城跡を見に行ってください。私は3年前、たまたま「桶狭間（おけはざま）の戦い」の古戦場を通りがかって見学したとき、ひじょうに驚きました。地形がいかにも奇襲向きで、今川義元が戦死した場所に石碑もあり、すごく生々しい。家に帰ってすぐ『センゴク外伝　桶狭間戦記』（宮下英樹／講談社）をはじめ、戦国時代の本を何冊か読み返しました。やはり現場の持つパワーはすごいな、と。

このように、愛読書との付き合いはマーキングして本棚に並べたら終わりではありません。

本で得た知識を生かして現場を訪ね歩いたり、現場を訪れたのをきっかけにまた本を手にとったり、さらにミュージアムで実物に触れたり。このように、読み終わった後でも活発なサイクルがあるのです。

初めて訪れた土地で何を見るべきか。民俗学者の宮本常一(つねいち)は、父から教わった「旅の心得」を次のようにまとめています。

旅の心得

①汽車に乗ったら窓から外を見よ
②村でも町でも新しく訪ねていったところは必ず高いところへ登って見よ
③金があったらその土地の名物や料理を食べておく
④時間にゆとりがあったらできるだけ歩いてみる

本を読んでから現地に行くだけでなく、訪れた土地からも新たな知見を得る——。つまり「世界という本を読む」(ショーペンハウアー)ことも、読む力を養うためには欠かせない習慣ではないでしょうか。

習慣221 本の記述が気になったら必ず参照する

習慣222 本人に会いに行く、実物を見に行く

習慣223 機会があれば作品の「現場」に足を運ぶ

習慣224 訪問をきっかけにまた本を開く

本としての「切り抜きノート」

ここまで再読を中心に本との付き合い方を語ってきました。

ただ、以上のようなアプローチをするのは書籍だけに限りません。「切り抜きノート」でも近いことができます。

つまり、使用済みノートをひとつの「本」として扱うわけです。

私は直近の使用済み「切り抜きノート」を机の上に置いて、時間があればパラパラめくって見るようにしています。仕事やリーディングに疲れたときの「気晴らし

用の読みもの」として、外出時に持っていくこともあります。これも頭に残すためのちょっとした工夫です。

ノートにある切り抜きは、新聞雑誌などのジャーナルものが中心なので、月日の経過とともに魅力は減じていく。ところが、別の意味で興味深いポイントが出てくることもあります。それは「自分の変化」です。

厳選され刈り込みされた切り抜きは、自分が考えたことの痕跡です。それに対して、数カ月たった今どんなふうに感じるか、といったことを意識することによって、自分の考えの移り変わりがわかるのです。

たとえば、あれほどおもしろがっていたことが、今から見ると「なんだったんだろう」という気がする、といった具合です。

これはなかなか興味深い現象で、いま考えていることも大半はそのうちどうでもよくなることを意味する。この変化の軌跡を味わうことには、日々移り変わる気分の中で、自分の考えを調律するような効果があります。

たまには発見もあります。過去の切り抜きがいっそう興味深く感じるといったケースです。

これは本当に魂に迫るテキストを拾い上げることに成功したことを意味している。紛れもなくファインプレーですから、「記念碑」の付箋を貼っておきましょう。

よくできた切り抜きノートは本と同じようにOPPテープを張って補強し、数字のスタンプでナンバリングやページ数を示しておくと便利です。「本」としての活用度が上がるので、「クロスレファレンス」もどんどん書き込んでいきましょう。使用済みノートは日常的に読むにはやや退屈ですが、家で過ごす週末や長期休暇など、のんびりと気持ちを休めたいときにはちょうどいい読み物になります。

私の切り抜きノートは、チケットの半券や本の帯なんかも貼り付けてあり、ちょっとした日記にもなっているので、

「この映画を見たころはこんなニュースが話題になっていた」
「去年の夏はこんな分野に興味を持って研究していた」
「あの旅行中にはこんなことを考えていた」

といった背景もわかります。

当時の生活ぶりをつかんでいることは、記憶を整理する「棚」を持っているようなものです。本やテキストを頭に残すことにも一役買ってくれる。また目の前の状況だけでなく、来し方行く末といったことに思いを馳せ、広いスパンでものを考えたいときにもちょうどいいのです。

習慣 225
「切り抜きノート」を本として読む

習慣 226
感想から自分の変化をつかむ

習慣 227
当時の生活ぶりからも記憶を整理

共にする
時間が増えれば、
手になじんで
友人のようになる。
それが愛読書

STEP 04

体験的な愛読法

「アンチョコ」の自作

ここまで、本棚の手入れやマーキング、長期的な本との付き合い方など、頭に残すためのさまざまなアプローチを語ってきました。

最後に紹介するのは、ちょっと異常かもしれない方法です。私はライター、つまり「テキストの職人」なので、これを長年続けているのですが、ほとんどの人にとっては理解を超えた話かもしれません。

たくさん本を
読んできたのに、
言葉が浮かばない

その方法とは、「アンチョコ作成」です。

アンチョコとは参考書の俗な言い方で、要点をまとめた「マニュアル」や「虎の巻」といったもの。つまり、本や切り抜きから得たものを頭に残すために、自らの手で二次加工して活用しよう、というわけです。手間も時間もすごいぶん、効果も劇的なものがあります。

当然ながら、キーボードでコツコツ入力する地道な作業になります。もはや「読み方」ですらないような気がするけれど、最後なので行くところまで行ってしまいましょう！

1．リスト形式のアンチョコ

代表的なものに年表や年譜があります。これはネット検索すれば出てくるものもあるけれど、独自のテーマ年表や重要な事柄だけを抜き出したオリジナル年譜を作ってみると、ものすごく頭に入ります。

私は、日本の近現代史の本を読みながら、「明治・大正の軍事と外交史」「政府と軍部の主要人物リスト」といったものを作成したことがあります。

また仕事のついでに、福沢諭吉や渋沢栄一の年譜を作ったこともありました。エクセルを使うと簡単に見栄えのいいものができます。

こういうのは「使う」以上に「作る」ことに意味があります。単純作業のようでも、何を盛り込み、何をカットするかにひじょうに頭を使うのであって、一種のアウトプット作業です。結果的にかなりの時間とエネルギーを注ぐことになるので、そのぶん頭に残るわけですね。もちろん再読や同じジャンルの本を読むときには参考資料としても役立ちます。

2.「オールタイム・ベスト」

これは「これまで触れた中のベスト作品リスト」のことで、映画ファンのあいだではおなじみです。これを読書でやってみる。すると評価の過程で精読にもつながる。旅行に持っていく本を選んだり「何かおもしろい本ない？」と聞かれたりしたときにも便利です。

私は「小説・ノンフィクション・論述・マンガ・その他」に分けてリスト化していて、年に2、3回、すごい本に出会ったタイミングで更新しています。

こちらも本棚と同じように「除名」もアリです。更新していると往々にして「あ、コレまた読もう」となって、再読につながります。

3.「私家版」

リスト以外のアンチョコとしては「私家版」があります。自分が要点をつかんだり参照したりするための「要約版」や「抄録」を作るのです。

私は以前、日本国憲法を理解するために自分で口語訳を作ったことがあります。たしか、集団的自衛権をめぐって「今こそ憲法を学ぼう」の声が喧しくなったタイミングでした。

法律に関しては素人なので、やさしい解説書を読もうと思っていたのですが、原典にあたるのがいちばんだろう、と思ってネット上で見てみた。そのうちに、自分の手で訳してみてはどうかと思いついたのでした。毎日15分くらい作業して、2、3カ月もかかったおかげで、すごく理解が深まりました。ちょうど小学校で指導している「自主学習」のようなものです。

ネット上で公開されている本は、元データを加工することで、意外と簡単にオリジナル版が制作できます。かつて、仕事で必要に迫られて福沢諭吉の『福翁自伝』を読み込んだときは、青空文庫からテキストデータをダウンロードし、勝手に「△△編」などと見出しをつけたオリジナルバージョンを作り、その編集過程で読みこなし、腹に入れました。ジャンルにもよるけれど、自分だけのダイジェスト版や傑作選を作るのもいい方法だと思います。

4.「名言コレクション」

さて、究極のアンチョコとして最後に紹介したいのは「名言コレクション」です。

これは、本をはじめ自分の触れたあらゆるメディアから集めた「抜き書き集」のこと。読書家の中には「名文集」として作っている人も多いと思いますが、私はテレビのドキュメンタリーで出会った名ゼリフから、ネット上のインタビュー記事まで、あらゆる「琴線に触れた言葉」を収集して入力しています。

私の場合、やはり書くことに関する「名言」が中心です。このテキストファイルには文章家に限らず、ミュージシャンやマンガ家、スポーツ選手、芸人の言葉もたくさん収録されています。何が書けるか、何を書くべきか、どのように書けばいいのか、といった問題に直面してしまったときの支えになってくれるものです。

これは『調べる技術・書く技術』（野村進／講談社）で紹介されている「ペンシャープナー」にヒントを得て20代のころに作り始めたもの。文章指南だけでなく、筆が進まないときの対処法、書き手としての生活習慣や心構えについてまで扱った3万字超の抜き書き集です。

われながら「よくこんなものを作ったな」と呆れる一方で、「ここまでやったんだから大丈夫」という自信も湧いてくる。

最後にその中から、本書にぴったりの言葉を引用しておきましょう。

高級な種類であればあるほど、成功しないことが多くなる。ここにいる君たち、高級な人間は、みんな——失敗作じゃないのかね？

それがどうした！ 元気を出せ！ まだ可能なことがたくさんあるぞ！ 人間は笑う必要がある。君たちは自分自身を笑えるようになれ！（ツァラトゥストラ／ニーチェ　訳：丘沢静也）

おわりに

本書で紹介した「読み方」は、個人色の濃いものです。また正直、この時代にウケるような内容でもないと思っています。

しかし、それでも何かを表現しようとするなら、自分の頭で考え、自分の言葉で語っていくしかない。どれだけネットやＳＮＳに意に沿うような表現があったとしても、それは自分の思考や言葉の代わりにはならないのです。

だから、たとえ望んだような結果につながらず、一敗地（いっぱいち）に塗（まみ）れるかもしれないとしても、自分の力で表現していくしかない。

「自分の言葉」を育てることは、スポーツ競技や試験勉強とは違います。残念ながら、「これをやれば、こんな成果が得られる」と言い切れるようなものではない。私は長い目で見たときの有効性を確信していますが、わかりやすい実利や成功を期待するとガッカリするかもしれません。

そんなことにならないよう、私は、皆さんに結果より過程を重視してほしいと思っています。

知の原動力は好奇心です。

なにか新しいことを見聞きしたり体験したりすることは、それ自体に歓喜があるはずなのです。だから、本書で紹介した「ちゃんと読む」ためのノウハウや習慣は、一見すると面倒くさくて疲れる行為のようで、じつは最高のエンターテインメントなのだと思っています。

であるなら、いつか成果が実感できる日が来るのを気長に待ちつつ、とりあえずは「ちゃんと読む」というライフスタイルそのものを味わい、日々楽しむのがいちばんいいのではないでしょうか。

そう「人間は笑う必要がある」のです。

2023年3月

奥野宣之

奥野宣之（おくの・のぶゆき）

1981（昭和56）年、大阪府生まれ。同志社大学でジャーナリズムを専攻後、出版社・新聞社勤務を経て、著作家・ライターとして活動。読書や情報整理などを主なテーマとして執筆や講演活動などを行っている。『情報は1冊のノートにまとめなさい［完全版］』『読書は1冊のノートにまとめなさい［完全版］』（以上、ダイヤモンド社）、『図書館「超」活用術』（朝日新聞出版）、『学問のすすめ』『論語と算盤（上）（下）』（以上、致知出版社「いつか読んでみたかった日本の名著シリーズ」現代語訳）など著書多数。

ちゃんと「読む」ための本
人生がうまくいく231の知的習慣

2023年5月8日　第1版第1刷発行
2023年6月29日　第1版第2刷発行

著　者　奥野宣之
発行者　永田貴之
発行所　株式会社PHP研究所
東京本部　〒135-8137　江東区豊洲5-6-52
ビジネス・教養出版部　☎03-3520-9619（編集）
普及部　☎03-3520-9630（販売）
京都本部　〒601-8411　京都市南区西九条北ノ内町11
PHP INTERFACE　https://www.php.co.jp/
組　版　yamano-ue
編　集　大隅 元
印刷所
製本所　図書印刷株式会社

ISBN 978-4-569-85448-9